江苏人民教育家培养工程丛书（第三辑）

让每一朵花蕾都美丽绽放

RANG MEIYIDUO HUALEI DOU MEILI ZHANFANG

孟 瑾 著

江蘇鳳凰教育出版社
Phoenix Education Publishing, Ltd

感谢您使用本书。您在使用本书时如有建议或发现质量问题，请联系我们。

【内容质量】 电话：4008283622

【印装质量】 电话：4008283610

图书在版编目(CIP)数据

让每一朵花蕾都美丽绽放/孟瑾著. --南京：江苏凤凰教育出版社，2023.6

(江苏人民教育家培养工程丛书. 第三辑)

ISBN 978-7-5743-0743-8

Ⅰ. ①让… Ⅱ. ①孟… Ⅲ. ①学前教育—教学研究 Ⅳ. ①G613

中国国家版本馆 CIP 数据核字(2023)第 115463 号

江苏人民教育家培养工程丛书(第三辑)

书　　名 让每一朵花蕾都美丽绽放

著　　者 孟　瑾

责任编辑 俞　婷

出版发行 江苏凤凰教育出版社(南京市湖南路1号A楼　邮编 210009)

苏教网址 http://www.1088.com.cn

照　　排 南京私书坊文化传播有限公司

印　　刷 南京顺和印刷有限责任公司(电话:025-83682876)

厂　　址 南京市江宁区麒麟街道天和路78号

开　　本 787毫米×1092毫米　1/16

印　　张 9.25

插　　页 2

版　　次 2023年6月第1版

印　　次 2023年6月第1次印刷

书　　号 ISBN 978-7-5743-0743-8

定　　价 28.00元

网店地址 http://jsfhjycbs.tmall.com

公 众 号 苏教服务(微信号：jsfhjyfw)

邮购电话 025-85406265，025-85400774

盗版举报 025-83658579

江苏人民教育家培养工程丛书（第三辑）编委会

总序 FOREWORD

为江苏未来教育家成长奠基

纵观世界教育史，每一次深刻的教育变革都离不开教育家的参与和推动。邓小平同志在1986年就提出“希望中国出现一大批三四十岁的优秀的科学家、教育家、文学家和其他各种专家”。2007年《国家教育事业发展“十一五”规划纲要》明确提出了“倡导教育家办学”的方针。《国家中长期教育改革和发展规划纲要（2010—2020年）》也明确提出，要创造有利条件，鼓励教师和校长在实践中大胆探索，创新教育思想、教育模式和教育方法，形成教学特色和办学风格，造就一批教育家，倡导教育家办学。

倡导教育家办学，要在扎根于民族文化土壤的同时，吸纳一切人类文明成果，形成具有本土特色和全球视野的教育实践和教育智慧。在我国源远流长的几千年文明发展进程中，不仅积淀了丰富的教育话语体系，而且涌现出一批又一批的优秀教育家。如，有被推崇为“大成至圣先师”“万世师表”的孔子，有“匹夫而为百世师，一言而为天下法”的韩愈，有“捧着一颗心来，不带半根草去”的人民教育家陶行知，等等。

江苏素有重教兴学的优良传统。明清两代全国202名状元中，有66人出自江苏，约占总数的三分之一。中华人民共和国成立以来，两院院士三分之一以上是江苏籍。“十一五”规划以来，江苏认真贯彻国家、省教育规划纲要，坚持把优先发展教育作为强省之基，把科教与人才强省作为经济社会发展的基础战略，扎实做好教育改革发展各项工作。为顺应发展要求，江苏在2009年启动实施“江苏人民教育家培养工程”，旨在通过培养一批具有教育家潜质的校长、教师，带动全省师资队伍建设，提高全省教育质量。工程启动和实施以来，得到了省内外同行的高度关注，《中国教育报》《人民教育》等权威教育媒体纷纷予以报道，给予了很多的支持和鼓励。在工程的带动下，全省基础教育人才队伍建设工作蓬勃开展，人才梯队不断优化，人才培养形成常态化。无锡的教育名家培养工程、常州和镇江的名师工作室、苏州的姑苏人才计划、南通和淮安的名师名校长培养工程、连云港的中小学高层次人才"333"工程、泰州的中小学卓越教师培养计划、扬州的领雁工程等都取得了良好成效，为江苏基础教育事业的明天提供了人才支撑。

一、设计思路

古今中外的教育家，虽然成长路径各不相同，但他们身上都有一个共同特点，那就是都有强烈的发展愿景，都是积极主动、持之以恒地追求自我发展。而有计划的培养可以促其自觉、促其坚定、催其奋进、助其提高。实践证明，有效整合社会资源，建立系统而完整的培养制度，对培养对象进行引领、促进、支持，给予他们相对良好的成长空间和必要的规制，有助于教师队伍更快更好地成长。我们认为，确立"人民教育家是可以培养的"观念，是科学的人才观、发展观在师资队伍建设中的体现。

确立目标宗旨。为一批立志终身从教、教育理念新、科研能力强、专长突出、风格鲜明、发展潜力大的中小学教师和校长创造条件，提供平台，给予重点培养，帮助他们在教育理论素养和创新实践能力等方面得到全面提升，使其个人专长更加凸显，特色风格更加鲜明，为他们成长为社会公认的人民教育家奠定基础，并以此带动和促进全省中小学师资队伍水平的整体提升，为江苏建设教育强省、率先实现教育现代化、办人民满意的教育做出更大的贡献。

制订培养计划。工程实施的目标是培养基础教育高端人才。从2009年起，计划在全省范围内分四批选拔200名特级教师进行重点培养。200个培养名额，低于特级教师总数的20%，不到中小学专任教师总数的万分之三。分四批培养，每批50人，确保每一名培养对象都能享有足够好、足够多的专家资源、活动资源、财力资源和实践平台，保证培养过程更加具有科学性、针对性和有效性。

明晰选拔标准。分析近代以来我国教育家表现出来的特质，我们发现他们具有三个方面的共同点：一是志存高远，具有远大的教育理想，"敢探未发明的新理"，善于发现和潜心研究教育问题，形成自己独到的教育思想；二是学高为师，具有丰富的学识和科学的经验，勇于探索，在办学理念和思路、学校建设与管理、教育教学方式等方面形成鲜明的特色和风格；三是身正为范，具有高尚的人格魅力，热爱学生，尊重学生，对学生有大爱之心，并有较大的社会影响。为此，在培养对象的选拔上，我们确定了"坚持一个基本条件、着重考察三个方面"的遴选原则。基本条件必须是特级教师，是"师德的表率、育人的模范、教学的专家"。在此基础上，着重考察培养对象是否有正确的、强烈的成长动机，有为人民教育事业奋斗终身的坚定理想和不懈追求；是否具有深厚的教育理论素养、文化素养和专业素养，有成为人民教育家的基础条件和发展潜力；是否具有高尚的人格魅力，在区域和学科专业领域内声望高、影响大、示范性强，受到同行、学生、家长和社会的广泛敬重和好评。

二、制度建构

“江苏人民教育家培养工程”是一项系统性工程，旨在探索高端教育人才培养的政策、制度和实践模式，以培养对象的教育思想、办学行为和先进事迹激发全省所有校长、教师的教育热情和奉献精神。经过五年的实践探索，逐步形成了一套比较完整的培养体系，制订了《江苏人民教育家培养工程实施指南》，形成了管理、培养、考核“三位一体”的培养工作机制。

建立了管理机构。在管理上，江苏省教育厅成立了“江苏人民教育家培养工程领导小组”，负责培养工作的整体把握和指导，指定江苏省教育科学研究院负责工程的具体实施工作。根据培养对象的特点和研究方向，成立了分学段或分学科领域和学校管理等不同培养方向的五个研修组。与培养对象相对应，组建了五个专家指导小组，通过个别指导和集体指导相结合的模式，就培养对象的发展规划、研究方向、课题研究进行指导。

搭建了培养平台。在培养上，以“政府创设平台、专家引领指导、个人主动发展、团队共同提高”为培养机制，以帮助培养对象“提高师德修养、拓展教育视野、创新教学理念、提高教育教学能力水平”为核心培养内容，规划实施了九大系列培养计划：催生教育主张——培养对象理论素养提升计划；聆听高端讲座——培养对象知识结构更新计划；牵手农村教育——培养对象责任修炼计划；推动教育创新——培养对象实践模式构建计划；走近教育家——培养对象分类阅读计划；聚焦实践问题——培养对象小组合作研究计划；带动共同发展——培养对象团队建设计划；教育家办学——影响力论坛计划；行者无疆——教育考察计划。围绕计划，在2014年至2019年第三期培养对象培养期内，共开展省级集中活动20余次、小组活动近100次。

制订了考核制度。在考核上，江苏省教育厅委托江苏省教育科学研究院与培养对象签订“目标责任书”，依据目标责任书开展年度考核、中期考核和终期考核工作。其中，年度考核实行报告评价式考核，研修小组和培养对象每年要做一次工作总结，报告一次研修心得；中期考核在培养期的第三年举行，实行发展性评估考核；终期考核按目标责任书实行目标考核。培养周期完成，在个人考核的基础上，成立“培养工作评估项目组”，对项目实施情况进行整体评估。

提供了条件保障。主要从专家、平台、经费等方面为工程实施及培养对象提供专业支持、环境支持和政策支持。一是组建了专家指导团队，聘请了国内一流专家。目前共聘请专家119人次，其中为第三期培养对象聘请的专家有35人。二是设立江苏省教育科学规划“十三五”人民教育家培养对象专项课题，鼓励培养对象申报教育科研课题研究项目，通过课题研究推动培养对象成长。三是为每位培养对象至少安排一次出国研修的机会、召开一次教育思想研讨会、资助出版一部专著，为他们形成教育教学思想创造条件。

三、实践成效

工程实施以来，每一位培养对象都以教育家的素养标准要求自己，经过五年努力，提升了综合素养，取得了很多教育教学成果，带动了区域内多元团队的共同发展，还通过跨区域的合作在更大范围发挥了重要作用。

素质显著提高。五年的研修对每一位培养对象来说都是一个迅速进步的过程，他们的专业素养与教育能力不断提升，教育思想已现雏形。其一，潜心读书，提升了专业素养。有的培养对象五年阅读了 100 多部专著，撰写了 40 多万字的读书笔记。其二，实践探索，提高了教育能力。通过构建自己的课堂教学模式提高课堂教学质量，通过成立名师工作室和建设学科基地发挥辐射作用，通过管理模式的变革寻求学校的优质发展，已成为培养对象的行为自觉。其三，活动研修，拓宽了教育视野，丰富了发展内涵，增强了服务江苏教育发展的责任感与使命感。其四，自省反思，凝练了教育思想。通过回顾和反思、梳理和归纳，做到更深刻地认识、更清晰地表达自己的教育理念，初步形成了自己的教育思想。

研究成果丰硕。五年来，各位培养对象在实践研究方面积极进取，取得了丰硕成果。据不完全统计，第三期培养对象公开发表论文 880 篇，其中在核心期刊发表 191 篇；编著图书 79 本，出版专著 35 本；主持市级以上课题（项目）研究 166 项，开设县级以上公开课、讲座 1821 节（次）；被媒体报道 210 次。教学办学上，他们不仅善于把自己的教育理念运用到实践中去，而且非常注重特色成果的形成，成为江苏基础教育改革大背景下一例例鲜活的典型。他们的教育教学实践获得了广泛认可，产生了深远的影响，累计获得各级各类荣誉表彰 300 余项。这些成果来之不易，体现了各培养对象不断超越、勤于探索的精神。

带动效应显著。培养对象皆有自己领衔的发展团队，不仅有学校管理团队、教师集体和学科教师团队，而且有市（区、县）的名师团队、骨干教师团队，为带动当地教师发展做出了很大贡献。在团队发展过程中逐渐形成了由“被动发展”走向“主动发展”、由“短期性发展”走向“持续式发展”的良好格局，表现出相当高的发展水平与强大的辐射力。另外，第三期培养对象共开展“牵手农村教育”活动近 30 次，覆盖近 30 个县、市（区）50 多所农村学校，发挥了培养对象的专业服务作用，带动了农村地区教师的专业发展。难能可贵的是，他们在成为“培养对象”后，依然有着清醒的自我认识。他们常常淡看自己的努力和成就，却对“机遇”怀有感恩之心。正如一位培养对象所说：“孔子的彼岸是闻达于诸侯，我在想我们的彼岸是什么。

也许我一辈子也成不了教育家，但我可以拥有教育家的志向、教育家的情怀、教育家的理想。在培养工程一千多个日日夜夜里，我如农夫般日日耕耘，如哲人般时时自省。从此岸到彼岸，是岁月的距离，更是成长的步履。让我们揣着梦想、带着感恩、携着激情，执着行走在成为教育家的路上，不为彼岸只为海！”

当前，江苏教育系统正在全面学习贯彻落实党的十九大精神，全力推进教育现代化建设，坚持以立德树人为根本，以发展素质教育为主题，以提高教育质量为核心，以促进教育公平为重点，以服务经济社会发展为重任，以深化教育教学改革为动力，以扩大教育对外开放、提升教育国际合作交流水平为重要路径，以教育信息化为着力点，以争取加大教育投入、建设高素质专业化教师队伍为关键，探索建立中国特色现代学校制度，努力营造健康向上的校园文化和有利于教育改革发展的社会氛围，努力办好人民满意的教育。衷心地希望“江苏人民教育家培养工程”的实践探索能给我国推进教育发展和办学专业化、促进高端教育人才成长提供借鉴。

编委会

2020 年 11 月

讲好教师自己的故事

机缘巧合，我和孟瑾老师相聚在第三期江苏人民教育家培养工程中。

实话实说，我一直认为教育家不是培养出来的，他们是在实践中自我成长、自我造就的。但不能否认的是，为优秀的一线教师提供一个系统反思、梳理总结自己多年实践经验的机会，一个与理论工作者及其他优秀实践工作者对话、交流的平台，促使他们形成具有一定普遍性和影响力的教育思想或各种形式的可借鉴、可推广的教育成果，这是非常有必要的。

作为一名大学教师，在与江苏省几位优秀的幼儿园实践工作者交流的过程中，我深深地被他们的教育情怀、奉献精神和求新求实、积极探索、勇于创造的品质所感动。他们的教育实践各有不同，且无一不精彩。如何让这些优秀的实践工作者将自己的教育经验很好地呈现出来，这并不是一件容易的事。

根据以往与幼儿园园长、教师一起工作的经验，我常常感到他们普遍“做得比说得好，说得比写得好”（当然也不乏相反或其他情况），特别是在要求他们总结、提炼“教育思想”时，这种情况似乎更明显。因为要上升到“理论高度”，不少总结不得不塞进教条式的“理论标签”中，从而失去自己有血有肉的实践经验，成为既无益于自我提高，也难以影响他人的“鸡肋”。但当闲聊时，他们讲起孩子们的故事，讲起幼儿园里发生过的一个个“事件”，讲起自己的生活经历，情况就大不相同：语言变得生动、准确、鲜活，一些富有教育哲理的词句时不时就在不经意间闪现出来……这些对讲述者来说记忆清晰、意义深刻的故事中饱含着他们的情感，往往也容易感动听者,引发深思与共鸣。

教师的教育思想不应该也从来不是空中楼阁。它来自教育实践,来自教师们日复一日的生活与工作,来自他们记忆深处的一个个活生生的“故事”。

正因为如此,一种以讲故事的方式表达自己对教育的理解和体验的新型研究——“叙事研究”正逐渐成为教师反思教育实践、凝结实践经验、展示教育成果的一种方式。当然,由于教育实践经验的内容、性质、类型不同,成果表达的方式也各具特点。但孟瑾老师的教育经验以叙事的方式呈现,我认为无疑是最适当的。

教师的教育叙事,通俗地说就是“讲故事”,但又不是简单地为讲故事而讲故事,而是通过这些故事展开对教育现象的思索及对问题的探究。

好的故事来源于好的实践,好的实践离不开教师的思考。

教师在讲自己亲历亲为的教育事件,讲自己在其中的所作所为时,也在讲自己的所思所想。有研究者指出,教育叙事“把教师日常的教育教学经验组织成有价值结构的事件,串缀成有现实意义的链条,从而将看似平凡普通、单调重复的活动赋予独特的体验和韵味”。这是一个将客观的过程、真实的体验、主观的阐释有机融为一体的一种教育经验的发现和揭示过程,它“不仅对故事的过程进行描述,而且还就其中包含的价值观、情感、心境以及涉及的伦理等进行分析和判断,展示出解说者的立场和理论视角”。

孟瑾老师在这本书中讲了很多“故事”:关于自己、关于自己幼儿园的孩子和老师、关于园中每天发生的各种“事件”……这些故事那么真实、那么生动、那么亲切,让我们如同身临其境。而孟瑾老师讲述这些故事时所表达的内心体验和不由自主的感情流露,更深深地打动着我,引起一种强烈的共鸣。她说:

“教育是有温度的,是充满爱的。但这份爱不应是溺爱和宠爱,而是温柔的坚持。”

“教育是植入骨髓的高贵,教育也是有境界的。”

“教育是静待花开的过程,每一朵花蕾都会在不经意间静悄悄地开放,因此需要园丁精心的呵护和耐心的等待。在这个等待的过程中,教育者应该是快乐且充满爱与包容的。”

……

听着孟瑾老师讲的故事,思考着她的话语,我觉得这些可以称得上教育名言或警句的语言不是抽象的、苍白的,而是生机勃勃的,是她的人生体验和实践经验的升华。我相信,孟瑾老师的教育故事也能给广大教育工作者带去无限遐想,点燃大家心中的激情!

让我们一起来讲好自己的教育故事吧!

冯晓霞
2020 年 8 月 26 日

序二 FOREWORD

江南女子的大爱

初次与孟瑾园长相识，是在 2009 年。那年，教育部组织的全国首届园长高级研修班在北京师范大学举办，江苏省教育厅推荐了我和孟园长参加，我俩因此有幸相识。在一个多月的学习生活中，我和孟园长每天一同到教室、去食堂、回宿舍，我们谈生活、谈工作、谈理想。在孟园长那里，我听到最多的词，就是"花朵"。"让每一朵花蕾都美丽绽放"，这是孟园长的理想，也是她职业生涯中孜孜不倦的追求。

在北京学习阶段，正值孟园长所在幼儿园基建项目收尾的关键时期，她每天都要遥控指挥，细致、果敢地处理诸多事宜，长途话费花了不少。孟园长所在的苏州幼儿高等师范学校有三所附属幼儿园，她身兼三所园的园长，其中"花朵幼儿园"与苏州市盲聋学校合作融合教育，有不少听障儿童在随班就读。她常常眉飞色舞地谈听障儿童的聪慧、老师的艰辛、家长的欣喜，谈接受融合教育的孩子在小学阶段回归正常学习生活的小故事，言语中充满爱。也是那段时间，我对吴侬软语的敏感度直接提升。孟园长的"好咯好咯""灵的灵的"，将江南女子的软绵、园长角色的果断融合在一起，轻清柔美的语音语调让人平静、安宁。孟园长的动手能力特别强，会自己编织毛衣。她喜欢穿旗袍改良的窄腰服装，在来自全国各地的园长群中，她犹如一朵百合，纯洁芬芳。

2015 年 1 月，我刚结束江苏省人民教育家培养工程培养对象的五年学习，转而成为培养工程的指导专家，与孟园长再次在培养工程相遇、续缘。在培养工程中，我们聆听导师组成尚荣、冯晓霞、周兢等"大咖"们的教导，一同继续学习、成长。而孟瑾园长犹如一颗闪耀的新星，在江苏幼教的天空中熠熠生辉，把“让每一朵花蕾都美丽绽放”的理念传递到祖国的四面八方，用“大爱”感动了无数人，温暖了无数人。

培养工程的五年，是孟园长回归课堂、潜心研究的五年，是她梳理教育思想、凝练教育主张的五年，也是她示范引领、成果卓著的五年。无论是作为教师还是园长，她始终没有离开课堂——她主持多项省市规划课题，将园本课程建设、儿童语言等作为研究方向，突出“真实、自然、操作、体验”的特点，坚持“儿童为先”的自主学习策略，主张“创造有学习可能的环境”，尤其在诗歌、欣赏、看图讲述、早期阅读中，形成了“实、活、新、全”的鲜明的教学特色，孩子们在她的课堂上享受到的是快乐、自由、大胆、合作和自信。本书中的近百个故事，是孟园长将教育理念转变为教育实践的真实写照，也是她向善、向美的爱的表达。细细品读故事，从吃到睡、从哭到笑、从融合到全纳、从游戏到课程、从园内到园外，可以看出她对教育的热爱与坚守，看出她的业务能力与人文关怀，看出她为了每一朵花的开放而辛勤耕耘的每一天。

这本书有一根贯穿的主线，就是“爱”——热爱孩子、尊重孩子、呵护孩子、满足孩子、相信孩子、理解孩子、关爱孩子。孟园长用研究的智慧、慈和的目光发现了爱的故事，进而写下爱的故事，让花朵幼儿园里的每一个孩子都如花蕾一般绽放得鲜艳美丽。

大音希声，大爱无形，点滴之时，满满是爱！

崔利玲
（国家督学，南京市鼓楼幼儿园园长）

前言 PREFACE

知行合一，回归初心

“惴惴不安”，这是五年前当我得知自己成为江苏人民教育家培养工程第三期培养对象时——那一刻的心情。五年来，我始终抱着学习的心态，诚惶诚恐，勤耕不懈。在导师的引领下，我紧随江苏人民教育家培养工程的每一项要求，在学习、思考、实践中，一次次地打破自己的认知边界，实现自我发展与突破。

何谓“家”？其实，一开始的时候，我是困惑的。在我的理解里，“教育家不应该是被培养出来的”，但随着时间的推移与学习的深入，一些概念在我脑海中逐渐变得清晰、明朗。人民教育家的培养，重要的是一个过程，而非结果。工程为我们的成长创造条件、提供平台，帮助我们在多方面得到能力提升，为我们成长为社会公认的人民教育家奠定基础。

我开始调整自己，放下“教育家”这个包袱，奋力奔跑。我重拾书本，阅读大量专业书籍，认真制订个人目标，主动承担教育科研项目，在全园内努力营造“教育家”办学的良好气氛，并在全市范围内积极发挥示范引领作用。我持续坚守正确的教育价值观和教育理想，不忘初心，不变信念，把全部精力和满腔真情献给幼教事业，努力做一名优秀的幼教思想者、研究者和实践者。

裴斯泰洛齐说：“什么是真正的教育呢？如同是一位园丁的艺术，在他的照看下，百花齐放，万木争春。”在我眼中，花朵幼儿园就是一个这样的大花园，一个个小小的生命在这里发芽、破土，从含苞待放到恣意盛开，需要被阳光照耀、被雨水浇灌、被精心照料，这是一项长期的“爱的工程”。

我们要从“尊重”开始。

成人对儿童的尊重，应该是蹲下身来，平视儿童，向儿童学习。生活在“巨人”世界里的孩子，总是被习惯性地当成“弱者”。面对孩子，成人常常理所当然地表现出一种居高临下的姿态，把孩子当成控制的对象，不断地“教训”他们、“纠正”他们。诗人华兹华斯、人类学家泰勒、心理学家霍尔都说过“儿童是成人之父”，诗人泰戈尔甚至认为，“上帝等待着人在智慧中重新获得童年”，“应该把最崇高的敬意献给儿童”。如果有一天，成人能改变俯视的高姿态，真的向儿童学习，像儿童一样生活，那将是多么富有诗意的景象呀！

我们要用专业的爱“呵护”孩子。

幼儿身心发展处于人生的初级阶段，尤其是初入园的幼儿，他们的生活、自我服务及交往等能力都不强，因此，他们更需要教师倾注父母般的爱来使他们茁壮成长。“教育爱”便是幼儿教师首先和必须具备的职业情感，这种爱除了应贯穿在对孩子日常生活的悉心照顾中，还应贯穿于对他们探索学习的支持引导中。

只有心里爱孩子，眼里才有孩子。作为教师，我们应该不断提高自身专业素养，在精心研究儿童身心发展特点和规律的基础上科学保育，确保儿童发展符合成长规律，使家园沟通洋溢着信任和亲密。我们还要坚守教育理想，让幼儿园教育避开急功近利，直指人的全面发展，铺垫人的一生幸福。

我们要理解每个孩子都有不同的发展需要。

儿童来自不同的家庭，每个家庭的经济基础有差异，其家庭文化、氛围以及父母的受教育背景、教育理念与教养方式也存在差异，因此不同的幼儿在个性发展中会呈现出各不相同的特点。另外，幼儿年龄不一，身心各方面发展都会与同伴存在差异，且往往幼儿年龄越小，这种差异会越明显。

作为教育者，我们要充分地认识到幼儿间的个体差异，理解个体差异背后的不同需要，在教育过程中努力创造一个自然的学习环境，让每个孩子都有机会按照自己的能力和速度去学习。同时，我们还应注重发现不同孩子的不同学习风格，帮助他们更好地发现自己、肯定自己，使他们能顺利从原有水平向更高水平发展。

我们要给予特殊孩子特别的关爱，这才是最大的教育“公平”。

特殊教育是我国国民教育体系的重要组成部分。花朵幼儿园始终秉持“每位儿童都是一个与众不同的个体，都有自己的特殊需要，都应得到尊重和接纳”的理念，接收听障、自闭（倾向）、发育迟缓等特殊儿童入园，接受学前教育。

我们创设了学前听障儿童“双模块”融合教育课程，借助课程开发生成了一系列适宜听障儿童发展的训练内容，并探索了多种适合听障儿童发展的游戏。教育不是为了培养完美的人，而是为了让每一个孩子成为最好的自己。

我们力求推进幼儿教育可持续发展，兼顾健全幼儿与特殊幼儿的共同需要，探索学前融合教育，为特殊儿童提供一个更公平、更开放的环境。

我们要"相信"每个孩子都有自我学习的能力。

儿童存在与生俱来的内在生命力和潜力。教育不能是单纯的灌输，而应该是为了激发和促进孩子发挥"内在潜力"而存在的。作为幼教工作者，我们应该充分认识孩子与生俱来的学习能力，基于儿童自身的本能、兴趣和能力，给予积极的支持和引导。通过创造适宜的、充满刺激的环境，更好地激活这种"内在潜力"，帮助儿童更好地学习和成长。

我们要懂得"满足"孩子的学习需求。

生活对幼儿来说是丰富的、完整的、多姿多彩的，生活包罗了健康、语言、科学、艺术和社会等多个领域的内容，儿童很适合在生活中学习。通过游戏和日常生活，他们不断与周围环境中的人、事、物等互相交往和接触，学习和积累相关经验。游戏既是课程的内容，又是课程的实施途径，游戏不仅能让幼儿快乐，也能促进幼儿成长，喜爱游戏是每个孩子的天性。

"生活化、游戏化"是花朵幼儿园一直坚持的课程方向。我们以幼儿为中心，以生活、游戏为抓手，不断开发并利用资源，为幼儿创设与主题相适应的实习场，提供丰富的、情景化的学习环境，用游戏的方式让幼儿在情境中参与学习，在做事中积累经验。同时，将教师的必要引领穿插在幼儿的学习体验中，如适时的提醒、适当的设疑、及时的支持等，避免了知识的简单传授和接受，让学习变得生动、有趣。

"成仁"是先贤孔子的人生彼岸。那我的彼岸呢？以德育人、以爱引路、以活动育人、以生活育人、以环境育人，在全面融入上下功夫，在落细落实上下功夫，将时光挥洒成雨露，滋润那一颗颗幼小的心灵，让每一朵花蕾都美丽绽放！我想，这便是我作为一名教育者的初心与归途。

孟 瑾

目录 CONTENTS

第一章　那些花儿（我和孩子的事）

热爱孩子是教师生活中最主要的东西。

——苏霍姆林斯基

能成为一名幼儿教师，还得从我的母亲说起。

我母亲是一名护士，下放到农村成为一名“赤脚”医生。我母亲为人和善、热心。从我记事起，有时是晨曦初露，有时是日落黄昏，甚至常常是半夜凌晨，总有人来请母亲出诊。我母亲工作认真细致，还十分好学上进，在我小时候，母亲还自学助产，获得了为村民助产的资格，为村民带来了便利。因为母亲做事细心、周到，手法娴熟，她的“接生”技术得到了许多人的认可和称赞。于是，就有很多人家在产妇生产之后，给我家送来糖果和喜蛋。那时，小小的我常拿着喜蛋向小伙伴们炫耀，心里特别开心，觉得有小孩出生真好。按照我们本地风俗，新生儿出生的第三天，医生要到产妇家探望并给新生儿洗澡，寓意健康吉祥。那时的我便常跟着母亲去给婴儿洗澡，看到粉粉嫩嫩的新生儿，我总是忍不住要去摸一摸、抱一抱、亲一亲。

我和幼儿园有着不解的缘分。说来也巧，小时候，我的家就紧挨着幼儿园，在我家门口就能望见幼儿园的操场和教室。有时候，我在家里都能听到隔壁幼儿园教师在教室里讲故事。从我记事起，我就隔着幼儿园的围墙，看幼儿园里的孩子们玩滑梯、荡秋千。或许就是从那时候起，我就在心里埋下了一颗“成为一名幼儿园老师”的种子。

在我 4 岁时，有一次母亲出诊回到家，我骄傲地告诉她：“妈妈，我上幼儿园啦！”其实母亲之前一直跟我说，家里有老人带我，可以晚一年上幼儿园。而我则是问奶奶要了五毛钱，自己去幼儿园报了名。等我母亲知道这件事情时，我已经“独自”报好名了。现在回忆起来，真是感叹万分，那时候小小的我心里就装满了对幼儿园的美好憧憬。

我喜欢和小孩子一起玩，尤其是邻居家的弟弟妹妹们。有趣的是，邻居家的小孩子也特别喜欢跟着我。几乎每天放学后，他们都会来找我玩，我会给他们讲故事，还教他们唱歌。每到周六，我便早早从学校图书库借好故事书，放学一回家，弟弟妹妹们就过来听我讲故事。周日他们也早早就到我家，央求我继续给他们讲故事，我讲的故事，他们百听不厌。有时，我还带着弟弟妹妹们去户外玩老鹰捉小鸡，去草地玩过家家，去小河边抓鱼，去小树林里捉迷藏……他们总跟在我身后亲昵地喊我“姐姐”，每次玩得都不愿意回家。于是，我成了大人们眼中的“孩子王”。

等我上了小学高年级，常有邻居家弟弟妹妹过来找我，请我帮忙辅导作业，甚至在我升了初中后也是如此。我每次都很乐意帮忙，耐心、细致地为他们讲解。到了周末，邻居家的弟弟妹妹到我家来玩，我还像小时候一样教他们唱歌、识字，和他们一起看连环画。就连平时特别调皮的男孩子，跟着我的时候也会变得十分乖巧。

还记得有一个特别调皮的小男孩，他很不听话，每次都会因为小事跟他妈妈闹别扭，妈妈也拿他没有办法。但有一次，小男孩的妈妈说：“再不乖，叫孟瑾姐姐不带你玩了。”小男孩立刻听话服软了。还有的邻居会直接把自己的孩子带到我家来，请我来带着孩子们一起学习、玩耍。也是因为这样，邻居们待我都十分亲切，每次看到我都会竖起大拇指，有的还会开玩笑地叫我“小孟老师”……现在越是年长，越是时常会想起小时候和弟弟妹妹们在一起的故事，每次想起这些事，我心头便会涌出一股暖流。也许我天生就和孩子们之间有一种特殊的亲近与情分吧，似乎从那时候起，我就已经把自己看成了一名小老师。

可能是天生的“孩子缘”，以及心里对孩子满满的喜欢、对幼儿园充满美好的向往，当得知初中毕业可以报考幼儿师范学校时，我毫不犹豫地报了名。当时我在班级里的学习成绩十分优异，班主任老师劝我选择读高中，而不要选择幼师，因为选择高中意味着将来可以进入大学深造。而我那时候心里唯一的想法就是要成为一名教师，而且是一名幼儿园教师。当时同班同学们也都纷纷劝我：“别去幼师了，天天跟小孩在一起，多幼稚。”“幼师辛苦，工资待遇也不高。”“你成绩那么好，去念高中吧，念高中能上大学呢。”……同学们虽是好心劝我，但我心里对这些话其实并不认同——从小到大，我都是打心底里想成为一名幼儿园老师的呀！

正是有这种强烈的内在动机，在初三报考幼儿师范学校并通过文化分数线之后，我白天在学校上课，下午放学后就一个人去幼儿园练习技能——练琴，唱歌，画画，对着镜子讲故事、练表情，为幼师专业考试的面试做准备。那时我还在读初三，还未经过钢琴、声乐等专业艺术培训，尤其对钢琴等乐器的练习，只能照着简谱自学摸索。尽管存在不少困难，但我并不认为这是一件“苦差事”，相反，我是怀着积极的心态来克服这些困难的。顺利被幼儿师范学校录取后，由于基本功扎实，我一进校便被学校评选为文艺委员。也是从这里，我开始了一段新的旅程，它教会了我教育的真正意义，也为我将来成为一名教育家埋下了一颗名为爱的种子。

也许就是这一份爱，让我一直拥有一份珍贵的孩童情结，也正是这份情结，让我在教育中时刻保持一颗爱孩子的心。我的职业情感和职业认同从这里萌发，不断生长、开花，陪伴着越来越多的“小花朵”，盛开在快乐幸福的幼儿园里。

我的职业起点

在幼师读书期间，我成绩优异。幼师毕业时，我拿到了全班四十名学生中唯一一个能留在苏州任教的名额，并进入了当时有名的中国人民解放军"第100"医院幼儿园，成为班级中令人骄傲的"四十分之一"。

在这所部队医院幼儿园，我一待就是十年。在这十年的教学生涯中，我主要带的是小、中两个年龄段的混龄幼儿。如今回想起那最初的十年工作生涯，一幕幕温馨的场景仍历历在目。那十年是我和孩子在一起的纯粹十年。每每回忆起来，我的脑海中立刻闪现出"纯真""童真""烂漫""欢声笑语"等词。但是这些词语还远远不足以表达我心中对这最初十年职业生涯以及对孩子的那份感激。

那时部队幼儿园的孩子不多，我每天带着他们一起讲故事、学儿歌、学唱歌；带着他们在户外找西瓜虫、数蚂蚁；我们会坐在户外的草地上唱歌，在阳光与白云下享受着歌声带来的快乐；我们还会在户外踢足球、捉迷藏，尽情亲近大自然……这些都是现在很多儿童可望而不可即的。因此，在我成为园长之后，我也一直要求老师要带着孩子们走进自然、亲近自然，这对幼儿的身心发展都是大有裨益的。

当时的部队医院为幼儿园老师订了一份报纸，就放在老师办公桌的旁边。孩子们看到报纸，感觉很新奇，便央求我读报给他们听。我欣然答应了孩子们的请求，每天都耐心地为他们读报，让他们了解外面的世界。每当孩子们小手托着腮，围坐在我身前，听着我读报，眼睛扑闪扑闪的，眼中闪烁着亮亮的光，我便觉得这一切都是有意义的。

每年秋天，部队医院还会组织医生们去苏州的东山摘橘子。每当这时，我便会特意和院领导申请："也带上我们的孩子一起去吧。"获得批准后，我和孩子们一起搭上去东山采摘橘子的"顺风车"。孩子们在橘林里快乐地穿梭、采摘，享受着劳动带来的乐趣，比在任何一节劳动教育课上都更活跃、更用心。

孩子们在部队幼儿园的日子是快乐的，他们希望每天都来幼儿园。有个男孩的妈妈还感激地对我说："孟老师，我家儿子早上总是赖床，不愿意起来。自从您来之后，他每天都想着要早早到幼儿园去。"有一年期末了，有六个孩子要到市里的一所小学附属幼儿园上大班，离开我带的小、中混龄班。可是有一天，这几个孩子的家长过来找我，对我说："孟老师，我们都觉得孩子交给您我们放心，您完全可以教他们大班的学习内容。请您继续教孩子大班的知识吧，孩子也不愿意离开您……"最后，这六个孩子的家长到医院政治处去联合申请，让我继续来带这六名孩子。后来，这六个孩子就继续跟着我一起待在班里。为了满足他们的认知需求，我还特地邮购了一套当时有名的上海的学前教材，和他们一起探究"十大名花""十大珍稀动物"等，孩子们很喜欢。再后来，我带着这六个大孩子参加了南京军区的歌舞表演活动，表演了节目《洞庭红》，获得了当时的表演一等奖，我还因此被评为“南京军区幼教先进工作者”。也许就是从那时起，我初尝了作为一名幼儿园老师的快乐，体会到了作为一名老师才能感受到的甜蜜与感动。

在部队幼儿园的这十年，我在教育情感上得到了巨大的满足，可在专业学习和技能发展上，我却倍感孤独。我一心渴望在专业上能有所进步，可在当时的大环境下，部队只是将幼儿园看作托儿所，幼儿园对很多专业问题的研究都是浅尝辄止。尽管如此，我也没有放弃，当听说苏州市实验小学附属幼儿园比较注重教师专业发展并且有对外开课时，我便请假前去学习，不让进教室，我便趴在窗户外面看……我始终相信，机会是留给有准备的人的。

为了能在专业业务上有更大的提升，我决定调往苏州幼儿师范学校附属教育幼儿园任教。在当时，很多人都不能理解这一决定。同事们都劝我不要离开部队幼儿园，说部队幼儿园的待遇还算不错，去了幼师附属园，待遇还没部队幼儿园高呢！但我并不是被工资待遇所吸引的，我的初心一直是成为一名优秀的幼儿教师。幼师附属园依托于幼儿师范学校，幼儿园整体办园的质量较高，且更加注重教师的专业发展。于是，思量再三，我还是决定遵循自己的本心，离开部队幼儿园，前往幼师附属园任教。

1994 年，我如愿来到了苏州幼师附属教育幼儿园。这也是我职业生涯中的第一次“转角”，我真正的专业成长便是从这一年开始的。到了新的幼儿园后，我早出晚归，尽心投入，像海绵一样不断地吸收知识，在专业层次上也有了新的突破。那年 10 月，也就是我来苏州幼师附属教育幼儿园一个多月后，一节散文欣赏活动《秋天的雨》让我在苏州幼教界崭露头角，当时的市幼教教研员还夸奖我“散文欣赏有设计、有想法、有创新”。

“欲求真学问，需下苦功夫”，我一直谨记这个道理。我在教学中兢兢业业，不断历练，也为自己赢得了更多的机会。在苏州幼师附属教育幼儿园专业氛围的影响下，我也有了更为清晰的专业目标：做个好老师。每天早晨，第一个到园的教师是我；晚上，最后一个离园的教师还是我。也有人问我累不累，我总是回答：“不累，因为我喜欢孩子，喜欢和孩子一起玩，喜欢孩子的一切。”就是这份爱，让我一直拥有珍贵的孩童情结。

在部队幼儿园的十年，给了我最初幸福的职业体验，让我获得了当好幼师的信念与方法的“第一桶金”，让我看到了“我爱孩子”的一颗真心，也为我的职业生涯指明了方向，坚定了我终身从事幼教事业的决心。在苏州幼师附属教育幼儿园的五年，我在专业上不断成长，处事更为冷静，心性也更加成熟。在每一次遇到挑战时，我都坚信“办法总比困难多”，这种不轻言失败、乐于解决问题的态度，对我后期的工作产生了积极的影响。

回望每一段历程，它都带给了我无比宝贵的“财富”——热爱、坚定、信念等等，指引着我一步步走到今天。也正是每一段经历，才成就了现在的我，让我明白了“教师”这一职业真正的内涵所在。“学高为师，身正为范”，这也是我作为一名教师一生的追求！

我眼中的孩子

在部队幼儿园,这工作的最初十年,我每天和孩子们在一起,一起看书、一起读报、一起讲故事、一起踢球,还一起解决遇到的困难。这十年,是我职业生涯中最美好、最单纯的十年。在这十年里,我有足够多的时间和孩子们待在一起,认识他们,接触他们,理解他们。我跟着孩子们玩他们自己想出来的游戏,带着他们去他们想去的地方。这段经历使我受益匪浅。在这十年混龄教学中,孩子们逐渐长大,我也在孩子们成长的过程中实现了自身的成长。通过和孩子们在一起,我更了解孩子了,知道他们喜欢玩什么、喜欢吃什么、喜欢看什么书、喜欢听什么故事、喜欢和谁一起玩……还有大孩子和小孩子之间发生的小故事、小插曲等,这些都让我理解了不同阶段孩子的年龄特点和认知发展规律,也让我明白世上没有完全相同的两个孩子,每个孩子都是独立且独特的个体。这十年奠定了我初步的儿童观和教育观。

在我看来,儿童淳朴、天真、不计得失、无所畏惧,他们无拘无束,可以任意而为、率性而动。在儿童的世界里,一切都是那么地美好。儿童天生会关心他人,情感细腻。他们是泛灵的,没有生命的物体在他们的世界里也会被赋予生命。儿童是善良的,他们富有同理心,愿意去帮助别人。儿童是好奇的,大自然中的一草一木,他们都想去探索一番。他们喜欢小动物,不愿意去伤害任何小动物。在儿童眼中,所有的生命都是平等的,儿童一视同仁,珍视每一个生命。儿童又是简单的、清澈的,没有成人世界的复杂与烦恼,只有纯粹的简单与快乐。

儿童不是“小大人”,而是一个个独立的、完整的生命个体。儿童不是成人的附庸,而是自己成长的主人。儿童的成长有其自身的规律与内在逻辑,有其独特的思考、观察和感知方式,有“成为他自己”的精神渴望与自由追求。每一个儿童都有自己的特点,每一个儿童都是可爱的,他们内心充满着孩童的天真与烂漫,充满着对周围事物的新奇想法与美好憧憬。儿童与成人一样,是自我建构的主体,他的生命具有与成人同等的价值。因此,成人应与儿童平等地对话、交流。

幼儿教育阶段是儿童人生发展的初级阶段。相较于一些动物生下来几个月就可以独立生活,幼儿出生后在相当长的时间里需要成人精心呵护。社会生物学家称,人类个体发展时期远超过其他灵长类动物。在幼儿人生发展的初期阶段,他们的骨骼、肌肉以及神经系统等都在发展之中,感知觉、记忆、思维等心理活动也在逐渐发展、完善。在这一阶段,儿童的身体和心理都是稚嫩的,需要成人的保护。幼儿园教师作为保护者,他的保护不应是包办。老师应该理解和明白,保护是为了促进发展,而不是为了避免挫折。幼儿需要成人的呵护,但同时幼儿又是成长的、发展的,这也需要成人能够尊重儿童,尊重他们的人格,尊重他们的需要。儿童是成人之师,这就要求成人放下自己的“权威”,主动去探索儿童、理解儿童、研究儿童,只有不断研究,才能了解儿童的发展特点和规律。因此,我们可以这样说,幼儿阶段在漫漫人生路中有着不可复制和无比重要的意义,为儿童一生的发展奠定基础。

“你的孩子,其实不是你的孩子,他们是生命对于自身渴望而诞生的孩子。他们通过你来到这世界,却非因你而来,他们在你身边,却并不属于你。你可以给予他们的是你的爱,却不是你的想法,因为他们自己有自己的思想。你可以庇护的是他们的身体,却不是他们的灵魂,因为他们的灵魂属于明天,属于你做梦也无法达到的明天。”纪伯伦的这首小诗值得每一个幼教工作者、每一个家长,乃至每一个成人深思。尊重儿童不能仅仅成为挂在嘴边的一句口号,更应有实际行为来体现、来落实。

我心中的好老师

为人师者,传道授业解惑也。一个好的老师,对学生来说至关重要。不管是学业还是身心各方面,一个好的老师,他的言行举止对学生都有着巨大的、潜移默化的影响。尤其是幼儿园教师,她是幼儿离开家庭后最先接触到的人,是幼儿踏进社会这个大圈子时看到的第一人。在老师的带领下,幼儿获得安全感,学会信任和与人交往,尝试探索世界。幼儿教师就像一束灯光,照亮孩子漫漫人生路的第一段旅程。

我认为一个好老师应该是这样的——

首先要怀有五颗心:爱心、耐心、细心、责任心和童心。教师要有爱,这种爱不是溺爱,而是温柔的坚持,是一种理性的爱。爱是一切的基础,能包容每一个儿童。只有心中有爱,教师才会为人师表,才能以身作则,成为一个真正的“教书育人之师”。教师对幼儿除了要有爱心,还要有耐心。教师要学会耐心地等待,就像牵着一群“蜗牛”散步一样,这种等待是希望的守候。相信每个幼儿都有闪光点,积极发现幼儿的闪光点并对他们进行教育,这是成为一个好老师必不可少的要求。除此以外,教师还要细心,能够静下心来倾听幼儿,学会与幼儿对话,发现幼儿的错误时要及时纠正,这样才能使幼儿健康地成长。当然,教师的责任心也是必不可少的,有了责任心,教师才会认真地对待每一个教学活动、每一次游戏、每一点成长。这份责任心还包含了守护儿童安全,把儿童的生命放在第一位的职责之心。最后,好的教师还应怀有一颗童心。教师拥有童趣,与儿童一同生活,成为儿童的玩伴。教师陪伴孩童一路走来,一直和儿童在一起,应始终保持一颗童心,能蹲下身、弯下腰,喜儿童之所喜,思儿童之所思,和儿童一同看世界,一起直面和解决问题。只有教师同时拥有爱心、耐心、细心、责任心和童心,她才能成为一个好的幼儿教师,幼儿在教学活动中才能真正发挥自己的个性和创造性,教师才有更多的机会进行保育和教育。

其次,要想成为一个优秀的幼儿教师,还需要成为四个“家”:学问家、观察家、合作家和管理家。好的教师是一个博雅的学问家。儿童是不断变化的,这就需要教师与时俱进、终身学习。教师应学习各种专业知识,了解最新的教育前沿动态,不断充实自己;学习各种技能技巧,不断丰富自己,弹唱说跳、琴棋书画,这些都是和幼儿交流沟通的方式;学习天文地理等各个方面的知识,因为教师是儿童眼中的智多星,随时要回答儿童的"十万个为什么"。好的教师要做一个善于捕捉细节的观察家。教师善于观察儿童、了解儿童,就能在他们需要的时候给予适宜的帮助;同时,教师又是善于观察生活、把握教育契机的教育者,能将教育很好地融入生活之中,做到润物无声。教师的教学过程也是言传身教的过程,模仿学习是儿童的重要学习方式之一,教师优秀的学习品质、道德品质会潜移默化地影响着儿童。好的教师还是一个善于沟通的合作家。教师不仅要善于与儿童合作,教学相长,还应善于与同事合作,共同实施教育教学,更要善于与家长合作,取得家长信任,共同促进儿童发展。好的教师还要学习做一个智慧的管理家。不仅要善于管理自己的学习、时间、情绪,也要善于管理班级,营造活泼有序的班级氛围,形成团结友爱的班级凝聚力,这些积极向上的环境氛围有利于儿童的身心发展。

日本佐藤学教授曾提出,与医生和律师相比,教师的专业性和自我效能感比较难以实现提升、获得满足,因为大部分医生可以通过治愈病人、律师通过成功结案而获得专业性的提升和效能感的满足,而教师的工作很难看到教育对象立竿见影的改变,也不会因为教育活动的结束而结束。教师的工作具有时间、空间的"无边界"特征,心态和思维方式是使教师的"教育光亮"长久持续的保证。因此,教师要在不断提升自身理论水平的同时,不断调整自己的心态,让自己永葆一颗积极的心,心中装满对儿童的爱,这样才能成为一名好老师。

我追求的课程

你希望儿童成为什么样的人?用什么来促进儿童的生命成长?这一切都需要通过中介桥梁,即儿童的课程来实现。

幼儿园课程是有目的、有计划地引导儿童积极主动地通过多种感官体验获得有益经验的过程。幼儿园课程是儿童和老师共同建构的产物,是与儿童的现实生活紧密联系在一起的。在幼儿园课程中,儿童能够积极操作、勇于探索。在幼儿园课程中,教师通过不断把握儿童学习状况,在观察儿童、追随儿童发展需要的基础上,形成具有班本特色、适宜本班儿童发展的课程。幼儿园课程的一切围绕"以儿童为本"来展开,充分聚焦儿童的年龄特点与认知发展规律,尊重儿童的需求,注重儿童的探究与合作,关注实践过程,将生活场景融入游戏中,创设大型生活实习场等真实生活情境,从而让儿童获得更多新的经验。在花朵幼儿园中,我们以幼儿生活为基点来调整课程内容,在实施每个主题的过程中,教师充分了解幼儿的原有经验和当下兴趣,并以此为重要依据,调整主题目标，删减主题活动。对于时间跨度大、与幼儿实际生活不符的主题内容，教师可以有意识地、灵活地进行调整，使活动更符合幼儿发展的需要。如在小班主题活动《我的幼儿园》中，考虑到小班幼儿之前已有一年在托班的生活经验，所以教师根据幼儿进入小班后的情况，及时对活动进行调整，将部分比较简单、容易达成的活动目标放在日常活动中，也有利于幼儿更快更好地适应小班生活。

教师们的儿童观、教师观、教育观共同组成了我们的课程观。在花朵幼儿园，我们追求在爱护与尊重儿童的基础上，使课程更适合儿童自然的发展需要，最终实现“让每一朵花蕾都美丽绽放”的夙愿。因此，花朵幼儿园的课程是在自然的环境下，通过真实的情境，追随儿童的兴趣及生活，以游戏的形式实施开放的课程内容，统筹协调社会各界的资源而形成的。在花朵幼儿园中，孩子是自由的、自主的、创造的、愉悦的。在幼儿园里，幼儿每天都有充盈的游戏时间，可以自选游戏或其他各种活动。教师将游戏的理念、游戏的精神渗透到课程实施的一日生活、区域活动、集体教学活动等各类活动中。具体来说，我们的课程包含以下几个方面：

我们的课程是生活的。幼儿的一日生活皆为课程，我们的课程内容来源于儿童周围的现实生活，通过教师的选择与优化，家庭、幼儿园、社区的生活都可以成为儿童课程的内容。我们的课程以儿童的真实生活为背景，以儿童的实际经验为基础，以生活为起点，从而组织多样的、感性的、趣味的活动，并随着幼儿生活情境的变化而产生变化，“富含”发展儿童多方面能力的机会。经过二十多年的课程建设，我们已经形成了“美食广场”“看电影”“造房子”“昆虫化装舞会”“跳蚤市场”等一系列生活实习场活动，真正做到了让幼儿在生活中学习与发展。

我们的课程是自然的。课程来源于自然，来源于儿童的生活，大自然、大社会都是儿童的课程。在适宜的自然环境、班级环境以及多样的专区和专室等各种环境中，儿童通过亲自操作、亲身体验，获得直接和丰富的经验。每个儿童都是一朵花，我们的教育是顺应花朵的生长规律的，我们的课程是在自然的环境下，尊重儿童自身的发展规律，帮助他们自然成长。比如对于季节的变化，中班幼儿有自己的想法和关注点，于是围绕一年四季，我们开展了“春天在哪里”“夏天来到了”“秋天多美好”“过冬”等主题活动，通过走进运河公园，探寻大自然的四季变化，让幼儿在观察、对比、体验中加深对四季的感受。

我们的课程是综合的。生活是一个连续的整体，生活的经验也不是孤立发生的，人们常常综合多领域策略解决问题。幼儿的发展是其身体、认知、情感、社会等多方面相互联系和相互制约的过程，所以我们的课程也是综合的、整体的。我们从课程观念到目标、内容、手段、形式以及课程资源，进行全方位综合，旨在引导幼儿感受事物和现象之间的联系，并学会用联系的眼光看这个世界。比如在主题“劳动最光荣”中，我们以幼儿感兴趣的核心事件“劳动”为主题，开展“小记者”“采访幼儿园工作人员”“参观绿宝美食广场”“美食广场谈话”等活动。在该主题中，幼儿在幼儿园、家庭里做小记者，对幼儿园的老师、保健医生和其他工作人员以及家庭成员进行采访,从而了解各种职业的特征。

我们的课程是开放的。我们的课程不是一个封闭的文本,而是一个开放的实践系统,它强调社会支持和统筹协调。家长资源和社区资源是幼儿园园本课程的支持者,幼儿园教职工与儿童、家长、社区人员等相互协调配合,整合资源,创建自由、和谐、公平、友善的物质环境和精神氛围,形成幼儿园、家庭、社区三者联动,让儿童充分感受周围生活中人、事、物的有机联系,使每个儿童在原有水平上都能得到发展。这不仅提高了教学成效,我们的课程也得以茁壮成长。比如在"幼儿园附近"这一主题中,我们带领幼儿走出幼儿园,深入社区,去探访幼儿园附近的菜场、超市、理发店、邮局等,让幼儿由关注自身到学会关注周围生活的环境,在参观、体验中学习与他人沟通的技巧,学会大胆表达。

我们的课程是行动的。对儿童而言,通过直接感知、实际操作和亲身体验获取的经验更深刻,经验的有效获得过程就是行动,就是做事,就是全身心的参与。我们的课程充分扩大幼儿的行动范围,利用、发掘和创设丰富、适宜刺激的学习环境,始终让幼儿处在积极、主动的状态中,让他们有事可做。在真实、具体的情境中,儿童动手、动脑,实践探索,解决问题,最后共同成长为身心全面、和谐、主动发展的人。比如在"小小建筑师"主题中,幼儿通过调查、参观、阅读书本等方式了解房子的不同类型,萌发造房子的兴趣。在教师的引导下,幼儿通过小组合作、探究,共同尝试建造房子,成为一个个小小建筑师,有的为植物园的蔬菜搭建蔬菜大棚,有的为班级的娃娃家造一座房子……

我们的课程是对话的。在生活化、游戏化的场景中,教师关注幼儿个体差异,平等地倾听儿童在想什么,感受儿童在做什么,追随儿童的兴趣及发展需要而生成新的活动,给予儿童支持、帮助和指导,促进他们与周围的人、事、环境等进行对话。儿童在与各种角色的对话中,进行更深入的学习与探究,他们的思维、情感、能力得到了发展。我们不仅注重对话过程中儿童经验的获得,更关注儿童语言、绘画、表演等多样化、个性化的表达方式,真正呈现出儿童的一百种语言。我们的课程对话不仅是师生之间,更有与教师、专家、家长、社区人员之间的对话,通过年级组审议、园级审议和专家指导等方式,思维产生碰撞,迸发出智慧的火花,不断生成新的活动。比如在"猜猜我有多爱你"主题中,幼儿通过电影、图书、对话等方式体验爱的感觉,有亲情之爱、师生之谊、同学之情等,进而萌发了要举办"生日派对"的想法。通过家长参与、小组合作等方式,幼儿一起举办集体生日会,将爱大声说出来,更直接地表达自己心中的爱。

我们的课程是鲜活的。随着时代的发展、技术的进步、观念的变革以及师生所处的社会环境、教育资源的更新变化,我们的课程也在与时俱进,不断调整。我们的课程是面向全体儿童,以全体儿童为本的,是根据儿童的已有经验而引发的。儿童根据自身需要,与丰富且富有层次的材料进行积极互动,运用多种感官,进行多样化的活动,因此我们的课程是鲜活的。花朵课程的构建者以海纳百川的心态、开放的视野、创新的思维,吸纳丰富的教育资源,在循序渐进中顺应变化,与时俱进,多年来已经形成具有特色的课程体系。比如在“苏州是个好地方”主题中，我们以幼儿熟悉的“好风光”“好味道”“好声音”“好手艺”为着手点，引导孩子初步了解我们生活的苏州这一城市的特征及底蕴，通过“请进来”和“走出去”相结合的方式，幼儿了解了苏州的文化，更多新苏州小朋友也渐渐地爱上了这座美丽的城市。

我们的课程是全纳的。平等对待、接纳包容每一个儿童同样是我们的课程理念。我们的融合课程既包含普通幼儿的正常课程，也包括为听障儿童设计的、以听力语言康复训练为主的课程。因此，我们“生活化、游戏化”课程已形成了“双模块”的课程体系，该课程体系既促进了普通儿童宽容、接纳、友爱、有责任感的人格养成与社会性友好发展，又促进了学前听障儿童语言表达、社会交往能力的发展，为他们参与社会生活铺路搭桥。只有面向全体儿童的爱，才真正体现了教育公平、公正的原则。

我的教育理念

作为一名在幼教岗位上深耕了几十年的教育工作者，在我的眼里，教育是广阔无垠的原野，在这片原野中，任何幼芽都有成长的空间。教育是平等、公平的，每个人都有权利享受教育，教师在尊重儿童人格的同时，应一视同仁，重视每个儿童发展的机会。

教育是顺应时机的播种。每个儿童都有自己的个性特点，就像每种植物都有适合自己生长的季节一样。教育既要了解儿童，也要帮助儿童认识自己。

教育是温润清新的空气。幼儿是自由天真的，就像空气是自由清新的。我们要秉承开放、自由的理念，给幼儿一个安全、温暖的心理环境，让幼儿能够在活动中释放自己的天性，敢于想象，敢于尝试，敢于失败，敢于接纳不同的观点。

教育是明媚灿烂的阳光。就像阳光一样，教育是无处不在的，是有温度的，是充满爱的。但这份爱不应是溺爱和宠爱，而应是温柔的坚持。坚持教育的原则，用爱去感化儿童、关怀儿童、温暖儿童。

教育是丰富充足的养分。有了充足的养分，苗儿才能茁壮成长。这些养分对于儿童而言，就是他生活的环境。环境是教育的基础，在一日生活的各个环节中，儿童都要与环境、材料、同伴、教师进行积极的互动。因此，环境是幼儿的第三个老师，不断变化且适宜的环境对儿童发展具有极大的价值。在这个环境中，儿童也充满创造性，在与环境的不断互动中获得潜移默化的影响。

教育是悉心浇灌的过程。儿童好比花朵，对阳光、养料及水的要求各不相同。教育是以人为本、以儿童为主导的，教育应该以儿童的兴趣及个体发展需要为出发点，为儿童做好物质的、环境的准备，尊重儿童的个体差异，促进不同能力的幼儿在原有水平上获得发展。

教育是静待花开的过程。每一朵花蕾都会在不经意间静悄悄地开放，需要园丁精心呵护和耐心等待。任何习惯的养成和经验的获得都不是一蹴而就的，需要儿童自己去内化。这个内化的过程可能是一天、两天，也可能是一个星期、一个月乃至更长的时间。在这个等待的过程中，教育者应该是快乐且充满爱与包容的，因为只有在一个快乐的学习过程中，才会达到事半功倍的效果，儿童才能更好地获得成长。

教育是不断优化的过程。教育不是一成不变的，需要教育者认真思考和精心准备。随着教育对象和教育环境的变化，在丰富经验的支持下，教育者不断进行思考，坚持行前思、行中思、行后思，从而不断地优化、完善教学方案。

教育如同播撒花种，它应该顺应自然，顺应幼儿发展的规律，才能实现每一朵小花的美丽绽放，促进每一个幼儿在原有基础上获得发展。作为一名园长，我的教育理想很简单：让孩子“开心、开口、开窍”，在温暖幸福的家园里自由地展现生命的力量，“让每一朵花蕾都美丽绽放”。

我的教育愿景

做了 30 多年的幼教，在我的心目中，我期盼的幼儿园是这样的——

一个“有情怀”的幼儿园。教育需要情怀，首先教师要有情怀。教师的情怀不是一个很具体的东西，教师的情怀看不见、摸不到，但能触及心灵，充满人性温度，让人感受到它的温暖。教师的情怀，有的天高海阔，有的风轻云淡，有的似小桥流水……教师的情怀是养成的，在很大程度上取决于教师自己——做一个精神丰富的人，做一个精神灿烂的人，彰显优雅的姿态，愿意为教育做出改变，把求真向善作为一种自觉行为，那么美好的情怀自然会呈现于眼前。只有教师具有了教育的情怀，对教育有热情，才能汇聚出一个“有情怀”的幼儿园。在这里，孩子们释放天性，不被规则所约束，可以肆意、蓬勃地生长。一个“有情怀”的幼儿园，规模无需太大，6 个班左右，班额也不用太大，每班 20 来个孩子，这样老师才能关注到每个孩子的需求。家长、老师和孩子都是朋友，我们和孩子一起成长。没有那么多繁琐的、无用的形式、检查、考核，有的只是和孩子一起成长过程中的真实，客观地记录孩子的各种表现以及表达的作品。我们每天都能兴致勃勃地去做事，和孩子一起分享每一天的幸福点滴，并对明天充满了希望。老师和孩子都轻松愉快，每一天的相处都是那么自在和纯粹，令人永远记忆深刻。

一个“快乐”的幼儿园。它应该依山傍水，或许就隐匿在一条乡间小道的尽头。在这里，幼儿与自然为友，与昆虫为伴，可以探索大自然丰富多样的物种，感受更替的四季变幻。春天，幼儿们在草地上踏青、嬉戏，观察一花一草的生长；夏天，教师和孩子们一起听虫鸣、寻鸟叫；秋天，孩子们和大人一起劳作，感受风吹稻浪、瓜果飘香；冬天，孩子们在寒风中奔跑、在雪地里打滚，探索冰雪世界的秘密。在这个“快乐”的幼儿园里，有富有教育理念和社会责任感的园长，对教师充满人文关怀，对学生充满真挚热情。她不求名利，办园是实现她教育理念的一种手段。在这个“快乐”的幼儿园里，还有一批志同道合的同伴，她们有坚定而现代的教育理念和教育智慧，和孩子一起生活、一起探究。她们衣食无忧，将全身心都投入到幼儿工作之中。她们对幼儿园充满归属感，有着很强的自我快乐的能力和让幼儿快乐的能力。在这个“快乐”的幼儿园里，还有一群快乐的孩子们，他们被尊重、被理解、被接纳、被包容。他们喜欢上幼儿园，在这里有安全感、成就感和自豪感。在这个“快乐”的幼儿园里，每一个孩子都按照他自己的节奏和速度不慌不忙地成长。

一个“包容万象”的幼儿园。在这个幼儿园里，大孩子和小孩子一起游戏，普通幼儿与特殊幼儿一起活动。在这个幼儿园里，游戏是打破时间和空间边界的利器，孩子们来自不同的地方，即使说着不同的母语，有着不同的生活习惯，也可以一起游戏，一起成长。在这个幼儿园里，老师们可能有着不同的职业，有的是医生，有的是律师，有的是建筑工人，有的是警察……他们就像一个个行走的“百科全书”，用自己的专业知识带领幼儿学习不同的本领。在这个幼儿园里，老师们对待有特殊需要儿童的态度和对待普通儿童的态度一样亲切和善，每个特殊儿童都配有专业的影子老师，还有专业的设备供他们进行康复训练。他们和普通儿童一起活动，一起探究。在这个幼儿园里，家长能够主动地参与到幼儿园课程中来，和幼儿一起成长。

在我的教育理想中，幼儿教育被大众真正地接纳并且立法。随着社会文明的进步，大众的教育观、儿童观越来越科学，幼儿教师得到社会的普遍理解和接纳。家长能够认识到幼儿教育是国家教育体系中重要的一环，0—6 岁的幼儿期对人的一生发展至关重要。在幼儿教育阶段，我们尊重儿童，让其拥有真正独立的人格，儿童的发展需求和精神需要能够得到满足，不做成人的附庸，不被成人“摆布”。通过培养健全的人格和良好的生活学习习惯，为其一生的幸福打下坚实的基础。国家充分认识到学前教育的重要性，加大对学前教育的经费投入，加强教师队伍的专业化建设。国家和政府从各个层面对教育、课程进行提升，健全评价机制，对评估督导严格把关，从而真正地让学前教育有质量地发展起来。

其实，我的教育愿景并非遥不可及。对学前教育立法的呼吁已经有将近 20 年了，呼声也越来越强烈。从 2010 年到 2020 年，跟学前教育相关的部级以上文件有 50 份，这些也为学前教育法律的出台奠定了基础。2020 年，教育部公布《中华人民共和国学前教育法草案(征求意见稿)》，面向社会公开征求意见，标志着我们向学前立法又跨进了一大步，学前教育受到社会越来越多的关注。尊重儿童，就是尊重人类本身。我非常期待我们的学前教育能够立法，在法律的框架下，我们的学前教育才能够得到充分的保障，儿童才能真正地获得更有益的成长。

在我看来——

童心是一种没有受到成人社会污染的、极其珍贵的生命自然状态，就像花儿那般充满朝气。作为教育工作者，教师有责任、有义务呵护儿童的童心。教师应该确立儿童本位的教育理念，站在儿童的立场，尊重儿童，呵护童心，保护童真，使儿童身心能够自由地生长。热爱幼儿、尊重幼儿是幼儿教师最基本的品质，对幼儿没有真正的爱，就不会有真正的教育。

幼师是幼儿人生的第一任老师，影响着幼儿的一生。苏霍姆林斯基认为，教师的工作，就其本身的性质和逻辑来说，就是不断地关心、热爱儿童，这是教师对幼儿进行教育的基础；教师深入了解、研究幼儿既是教育素养的重要组成部分，又是不断提高教育素养的重要途径，也是提高保育与教育效果的关键。因此，热爱和尊重儿童是教育理论和实践的最主要的起点，应该置于教师工作的中心。

在我多年的教育生涯中，我也发现了儿童教育的重要目的：随时随地地唤起爱的萌发，促进爱的生长。这样的意识与能力需要爱的启迪、传递与教育。如果在充分了解儿童成长规律的基础上，给儿童充分的爱和理解、尊重，儿童不仅能感受、体验、理解与领悟到爱，他们幼小的心灵中也会萌生爱的力量，以此构建起对世界的认知，能保护和激发其好奇心，而且也便于与他人建立良好的、有益的、互动的关系，从而鼓励儿童富有个性地自由生长，像花儿一般茁壮成长。

第二章　野百合，也有春天（尊重孩子）

让孩子像野花一样自然生长，要尊重儿童的天性和选择。

——冰心

“尊重”一词在《现代汉语词典》中的词义为“重视并认真对待”。在学前教育中，尊重儿童表现为对儿童心理表现、儿童的任何行为都给予重视，并认真对待。当前，尊重儿童已经成为教育界的共识。事实上，儿童发展为成人，是“进化”与“退化”的交织。儿童阶段往往保留了人类世界的“初心”，向儿童学习，其实是向纯真美好的“初心”致敬。哪一个成人的身上没有儿童期形成的认知、情感、社会化的特点呢？哪一个成人的个性中找不到他的童年经验和影响呢？因此，正是儿童阶段在塑造人类本身。尊重儿童，就是尊重人类本身。而以“尊重儿童”为一切教育前提的理念贯穿了我整个幼教生涯。不管何时，不管身居何职，我始终首先把良好的师幼关系看作我一切工作行为的基础，对体罚、变相体罚、无视儿童存在的行为做到零容忍。在这里，首先和大家分享我的一个小故事。

那是 1999 年，我刚刚调入花朵幼儿园任副园长才两个月。一天中午，幼儿园的老师们照例进行学习。有一个同事突然带着班上一个不肯好好睡午觉的小男孩一起来了。这个老师搬了张椅子，让小男孩坐在园长的边上，我当时心里就一个“咯噔”。

没过多久，孩子不知是因为无聊，还是到了午睡的点，竟坐在椅子上打起了瞌睡。可看到那么多老师在场，他又觉得害怕。看着孩子一下瞌睡，一下又强打精神的样子，我内心不停地纠结着——难道只有我一个人看到了吗？我该怎么办？我要不要把孩子送回去睡觉？我要不要当场提出来？这些念头在我的脑海里不停地翻滚。

园长读了一篇文章，大约 10 分钟，可这每一分钟我都在煎熬。好不容易等到园长读完——说来也巧，那天园长让大家讨论的，正是“如何尊重儿童”——我就抢着发言了：“既然是尊重儿童，那我们就来说说，什么才是真正的‘尊重’儿童，今天老师的这个行为到底对不对？”我的话音未落，那个老师“腾”地站了起来，一把拉过孩子就离开了，留下了面面相觑的我们。

难道是我错了吗？不！我的心告诉我，在对待孩子的问题上，不能就此沉默。于是，我主动找到了当时我的分管领导，并说出了我的想法。放在当下，毋庸置疑，这个老师的行为在大多数人看来一定是存在问题的；可在那个年代，老师的这种处理方式并不少见，当时很多老师甚至觉得我有些大惊小怪，但我没有退让。我的这一系列言行，就如同在平静的湖面上扔下了一块巨石，所产生的影响从幼儿园一直延伸到我们幼师学校。

自然而然地，这也引发了一场关于如何尊重孩子的大讨论——

尊重孩子，首先要理解“尊重”这个词在师幼关系中的定义，明白“什么是真正的尊重”，然后才是“要尊重什么”，摆正了自己的儿童观，知道了需要达成的目标，最后才是“如何去做”。儿童是一个复杂的个体，理解儿童也是一件复杂的事情，不是通过一次两次的接触就能理解儿童的。尊重儿童，首先需要我们不断地走近儿童，也只有走近儿童，才有机会“走进”儿童。

卢梭让我们清晰地认识到，儿童是一个独立的个体。儿童不是“小大人”，不是成人的附属品，而是与成人完全不同的独立存在。儿童的世界与成人的世界截然不同，儿童在生理上有别于成人，有属于自己的服饰和玩具，有属于自己的语言和游戏，对长大和成长怀有敬畏之心，却又能大胆地向成长迈进。儿童又有其独特的价值，需要特殊形式的抚育和保护，他们在本质上与成人不同：儿童天生喜欢游戏，有独特的思维模式，身心发展遵循一定的规律，但在不同时期又存在敏感期和关键期。

夸美纽斯说：“应当像尊重上帝一样地尊重孩子。”成人对儿童的尊重，首先应该把“儿童看作儿童”，尊重儿童成长的节律和周期，尊重儿童在人一生发展中的独特价值。儿童通往成人的路是每一个儿童成长中的“必经途径”，皮亚杰认为：“每一条必经途径有其自身路程表。”作为教育工作者，我们要熟悉儿童的发展特点，了解儿童独特的认知与学习方式，尊重儿童的天性，尊重儿童成长的自然速度，耐心等待，耐心支持。

这些驰名中外的大教育家们都告诉我们一个道理：成人和儿童的关系是平等的。儿童的个性表现在活生生的、丰富多彩的言行中，尊重儿童独特的个性是幼儿教育的前提。儿童的自然本性和自然权利是不容侵犯的，按其本性生长是儿童最基本、最重要的自然权利。真正的尊重儿童，是尊重幼儿的年龄特点和认知发展规律，让孩子在其原有的基础上获得发展。尊重儿童首先表现为尊重儿童的自然权利。成人为儿童提供的教育应遵循儿童的生长规律，尊重并捍卫儿童按其本性生长的自然权利。其次，儿童是一个有能力的人，成人要尊重儿童的潜能，信任儿童。另外，成人还要尊重每个儿童的不同发展特点与学习特点。只有根据孩子的需求、兴趣、发展水平来组织教育活动，才能促进教师和孩子共同成长。

尊重儿童已经成为当今教育界的共识，在实践中，教育者也在努力实现对儿童的尊重。教育家裴斯泰洛齐说，他把一切爱都给了孩子，以“一切为了孩子”为理念教导着后人。裴斯泰洛齐通过教育实践总结出：一切社会教育（包括学校教育）都应该模仿家庭教育进行，而家庭教育的长处在于父母对子女无微不至的关心、爱护和培养。我们教育者应该把家庭教育中所有有利于幼儿教育的东西纳入到学校教育中来，从而形成一种充满爱的教育。

尊重的前提就是爱。这种爱，是教育者的专业之爱，它既包含了父母对子女的“慈爱”之“爱”，又蕴含了教育者独特的理性、专业、科学之爱。爱是打开幼儿心灵之门的金钥匙，只有从心底里爱幼儿，才会如甘甜的山泉，用爱的细流滋润幼儿的心田，才能让幼儿在温暖如家的氛围中健康成长；亲其师，信其道，只有用无限的爱把自己和幼儿融为一体，给予幼儿温暖、包容，幼儿才会心悦诚服地接受教师的教育，教育才能取得更好、更持久的效果；只有心里装满对孩子的爱，用爱去关爱幼儿，用爱去表扬幼儿，用爱去促进幼儿成长，我们的教育才会尊重儿童的成长规律，更尊重儿童自然生长的权利，我们的教育也才会更灵动。从事幼教这份职业的教师，只有心中有爱，才能在自己的职业生涯中有所作为、有所创新，并有所成就。

我的教育故事——

独自一人被留在教室

一天，中班一名家长来学校投诉，说孩子感冒发烧，责任在幼儿园。我当时就震惊了，这是什么家长，这么不讲道理。一通了解后，事实却让我更为震惊——

彼时，我已经接任园长。在这段时间里，我开始给老师们换“脑子”——要以把儿童看作独立人格的人为出发点去思考工作责任，尊重孩子本身。他们不是军人，你不能按照军人的标准去要求他们，也不能因为孩子调皮捣蛋就处罚或者变相处罚孩子。

事情的起因是这个中班的小男孩在中午排队时，调皮不听话了，老师马上就说：“你不乖，好，那你就要受到处罚。”于是，老师将这个孩子独自留在了教室里。她和保育员一起带着班里其他的孩子外出，进行教学活动。一个中班的孩子，独自一人在教室里，他能做什么呢？这个孩子就一会儿待在教室里，一会儿又跑到外面去玩。后来实在是无聊了，他就一个人趴在栏杆上等同学们回来。当天的风很大，孩子被吹了一个下午，回家后就感冒发烧了。家长也是觉得奇怪：怎么好好的，突然就生病了？问了孩子在幼儿园的情况，这才有了第二天的投诉。

我了解了事情经过后，就问这名老师：“你了解过这个孩子不听话的原因吗？他为什么调皮，为什么要和其他孩子打闹，原因是什么？”可老师并没有从内心真正意识到自己的问题。在她看来，孩子不听话，就应该受到处罚。“孩子们来幼儿园就是来学规矩的。”听到这句话，我当时的内心真是百感交集。任何人，都不是孩子成长的“上帝”，孩子才是自己成长的主人，孩子的成长有他自身的规律与逻辑，有其独特的思想、观察和感知方式，有“成为他自己”的精神渴望与自由追求。如果我们的老师连这点都意识不到，还把自己的意志强加给孩子，那就太可悲了。我立即召开了园务会议，讨论决定，让该教师在全体教师会议上做深刻检查，并扣除她的当月奖金，同时将该班保育员辞退。该教师（她也是前文提到的拎着孩子来开会的老师）提出辞职，我们没有挽留她。

当时就有人提出，这样的处罚是不是太重了，特别是在对保育员的处理上。虽然这件事已经过去数十年，但我仍然认为当时的处罚并没有错。在原则问题上，特别是在对待孩子的问题上，我们绝不可以退让，就是要“零容忍”。保育员看似“无辜”，但在老师决定将孩子留在教室后，她其实可以指出不妥之处，或者默默把孩子带上。如果这个时候，老师还是不同意，那保育员没有责任；但她并没有那么做，而是默许了这种行为。这说明什么？说明保育员至少在对待孩子的责任心上是不够的。

我这么做，不是为了处罚某个人，而是要通过这件事，告诉所有的老师和保育员，在花朵幼儿园，儿童的利益是不容侵害的，这是底线。不要认为你是大人，他是孩子，他有一点不乖，有一点不听话，你就可以对他“为所欲为”。一名幼教教师，就算有再好的专业水平，如果你的儿童观不转变，仍然是无法胜任这份工作的，保育员也是一样。

众所周知，幼儿教育阶段是儿童智力、性格、道德品质等方面发展的重要时期，这一时期的教育对儿童的发展起着重大的决定性作用，所有幼儿教育工作者的行为都不容忽视。为了切实地帮助每一个孩子获得认知、情感、社会性等各方面的发展，幼儿教师要在尊重幼儿的基础上对幼儿开展爱的教育。尊重儿童，不是说说而已，更应该落到实处。思想观念的转变才能转化为行动。教师的职责不是为了帮助儿童学习“规矩”，而是应该顺应儿童的内在发展需求，陪伴儿童一起身心健康地成长。

第一张“罚单”

“你不爱孩子，我们不爱你。”这是我在幼儿园经常说的一句话。这个“你”，当然是老师个体；这个“我们”，则是花朵幼儿园这个大集体。新来的老师，到“花朵”的第一件事，就是学习如何和儿童处理好关系。

人非圣贤，孰能无过？是人，总有情绪低落的时候，那如果老师因为情绪问题而行为失当，又该怎么办呢？为此，我开出了我职业生涯中的第一张，也是唯一一张“罚单”。

某天早上，我在办公室时，窗外忽然飘来老师喝斥孩子的声音。我循声而去，那是在教学楼二楼的游戏空间，老师正在训斥一个不听话的孩子。我默默地从这个班级走了过去，老师看见我，也立即收了声。我当时并没有做出反应，因为那时才上班，如果我一下子指出她的不妥之处，可能会影响她一天的带班情绪，我想着在下班前再找她谈一下。通过一晚上的时间，老师应该可以消化掉被我“批评”的负面情绪。然而，刚到中午饭点，我走过教室，又听到她在大声地训斥孩子。这下我忍不住了，我走进教室，“你早班结束，下班之前来下我办公室。”看到我如此严肃，这名老师大概也心里有数了，拖了很久才来我办公室，估计她自己也在做心理建设。

老师来到我办公室，主动承认了自己的问题，也向我吐露心声：因为自己心情不好，又遇上孩子不听话，就没有控制好自己的情绪。我当即就表示了理解，是人总有情绪不佳的时候，但理解归理解，还是不允许。这个事，说小了是情绪失控，说大了就是“儿童观不正”。老师说，这点她不认可。我就问她：“你情绪不好，会不会对和你搭班的老师发脾气？”她说不会，因为要是这样，以后就没有人愿意和她搭班了。我说：“那不就是了吗？对待同事，你可以控制自己的情绪，因为对你来说，同事是平等相处的人。而对待幼儿，你为什么就控制不住了呢？”老师听我这么一说，默默不语。

第二天，我把幼儿园管理层的同事们召集起来，并开出了第一张“罚单”，同时也希望这是最后一张（也确实是唯一一张）。我们的老师是需要成长的，这件事对这名年轻的老师来说，就是一次经历，要让老师在思想上时刻都有这根弦——“师幼互动”的前提就是平等。我们要保护孩子的自尊心，我们的原则是接纳，接纳孩子的前提是尊重，接纳和尊重都是无条件的。这也需要教育者拥有更多的爱心、细心和耐心。你觉得孩子不听话而发脾气，那是因为你没有读懂孩子，一旦你读懂了孩子，你就会发现，我们的孩子是讲道理的。作为老师，我们更应该“以身作则”，不把个人的情绪带到工作中，带到孩子身上。一旦投入到工作上，我们就应该拿出作为教师的“专业”与“素养”，将“尊重”“平等”作为一条最基础的红线，时刻告诫自己，约束自己的一言一行，真正做到“为人师表”。

改变，从我做起

每一个儿童都是一朵花，每一朵花都有一个彩色的世界。老师要善于观察儿童、了解儿童，能在他们需要的时候给予适宜的帮助，走进每一个彩色的世界。她们要了解儿童身心发展的规律、年龄的特点，掌握教育教学的有效手段；同时在教师生涯中不断积累实践经验，才能在陪伴儿童成长的过程中促进儿童的全面发展。

经过一段时间，一些变化也在幼儿园悄然发生。孩子因为不乖而被老师“拎”到教室外的现象再也没有了。其实，当时老师们并没有意识到为什么不能这么做，但她们在私底下交流时已经达成了一种共识：现在的园长“厉害”，这么做是不行的。我没有解释，因为我知道，这种改变是需要时间的。你画定了红线，老师们现在不敢这么做，是因为害怕受到处罚。那接下来，就得告诉她们什么才是应该去做的。

我在幼儿园里开展了“感动花朵人物”评比，从正面开始引导。我们从自己身边的榜样开始找起，让老师们知道：“喔，原来这才是真正的爱孩子。”“这才是对的教育方法。”……第一位上榜的老师，是当时一位反聘的退休老教师。当时，这位老师还特意来找我，说自己做的都是些小事，给她这样的荣誉，她实在受之有愧。我说：“对啊，正是因为你做的都是小事，才更值得大家学习。”这位老教师带的是托班，孩子们上过厕所，她就一个个检查——衣服有没有塞好，手洗了没有；孩子什么时候要喝水；每个孩子的特点是什么；这个孩子吃饭比较慢啊，需要多鼓励；这个孩子协调能力差，可能需要多关注……后来，我们又把这份荣誉给了一位保育员阿姨，慢慢地在幼儿园树立关爱儿童的好榜样，让老师们也对照自己并进行反思：为什么是她们，为什么不是我自己？从而鼓励老师们寻找自己身边的榜样，而不是那些高大的教育家形象。太高远的目标，老师们觉得自己学不来，反而是身边的例子，对老师们的触动更大——她们可以做到，我为什么做不到？所以，向身边的人学习，反而更有价值。

我们甚至还用舞台剧的形式，把老师们平时的一些应知应会、禁忌的行为和语言，用夸张的方式演绎出来。老师们看了以后，自己都在下面笑，我就说：“你们不要笑啊，这些都来源于你们平时的教学活动啊。”通过宣传、学习正面榜样，然后用考核制度进行制约，渐渐地，老师们开始反思自己的教学行为，甚至连我自己也开始反思。我们慢慢发现，有一些之前看起来很正常、很有效的教学方法，其实也并不像我们想象得那么正确。

班上有一个孩子吃饭特别慢，为了不影响班里其他孩子的餐后活动，老师就会把这个孩子带到老师食堂一起吃饭，孩子确实是吃得快了一些。还有的孩子因为睡觉不乖，老师一到午睡时间，就会把他放到隔壁班去和陌生的小朋友一起睡，这个孩子也能睡着，老师们甚至觉得这个方法很好。但我们发现，这些孩子被突然放置在一个陌生的环境中后，就会变得十分不安，也越来越胆小。

老师们开始讨论对待这些“特殊孩子”的方法，以前一些司空见惯的行为，甚至是我们曾经觉得“正确”的教学方式，也被反思。吃饭吃得慢的孩子，一开始的时候，给他少一点，吃完后，再添一些，还可以让他和吃饭吃得快的孩子同桌。午睡不好的孩子，老师就进行个别看护，问问他为什么不喜欢午睡，孩子说喜欢听老师讲故事，那老师就给他讲故事，孩子听着老师的故事，也能睡着了。

作为教育工作者，我们要充分认识到每个儿童都是一个独特的个体，具有个体差异性，甚至每个孩子都需要我们用不同的教育方式去发现、去呵护、去关爱，帮助他成长。这些大人眼中所谓的“特殊的孩子”到哪儿都有，他们其实并不“特殊”，只是在成长路程上的一段时间里有个性的表达，但是成人们用自己的“规则”和“尺度”给这些孩子打上了“特殊”的标签。殊不知成人一旦给孩子贴上标签，是很难去除的，会给孩子幼小的心灵留下伤痕。教师的职责并不是要用“正确”的方式教导出一批批一模一样的“守规矩”的孩子，而应是帮助幼儿以他自己的方式与生长速度成长，不紧不慢，让孩子一点一滴地进步。

儿童的发展，无论是生理的，还是心理的，都是一个追求和体现独立的过程。从脱离母体、呱呱坠地，到身心成熟，进入成人社会，开始承担社会责任，儿童越来越多地具有独立活动的能力。每一个成人都不能无视这种独立能力。尊重儿童人格的独立性，就是既要承认儿童现有的发展水平和能力，又要看到儿童发展的总趋势，不要有意无意地贬低或抹煞儿童的能力。孩子的成长，更重要的是，要让他们在自己原有的基础上有所进步。

一个都不能少

20 周年园庆，12 个班，300 多个孩子，当我说要人人上台的时候，老师们露出了惊讶的表情，我知道他们在想什么。

时间回到 2006 年，我在幼儿园内上公开课。按常规来说，我只是借班上课，并不需要让所有的孩子都参加。或者说，为了达到更好的效果，我应该“去掉”一部分反应不太快的孩子。但这次公开课，班上 30 多个孩子都参加了，甚至连听障儿童也没有错过。

公开课上，我通过课程内容设计，让每个孩子都发言，做到了人人有互动。我时常说，我们要爱孩子。那如何去爱？“一个都不能少”正是这种爱的体现。我必须以身作则，要把这种无形的爱，实实在在地落实到日常的教育教学中去。

时间再次拉回到 2012 年的那次园庆。面对这个要人人上台的园庆活动，不少老师提出了异议——园庆是一个展示活动，但并不是每个孩子都有这样的表演和表现能力，每个孩子都上台，是否会影响演出的效果？我思来想去——老师们说的不是没有道理，但公平是第一位的。虽然孩子们的能力各不相同，但园庆毕竟是他们的节日，就应该让他们充分展示自己。又有老师提出，每个孩子都要上台，那不是大合唱就是集体舞，节目缺乏层次感，肯定不够生动。我说，只要大家用心去设计，节目一样可以很生动，很有层次。

在我的坚持下，每个班的老师都开动了脑筋，我们还请来了不少专家，听取他们的意见，设计出一台让人眼前一亮的节目。事实证明，整个园庆是成功的，看到孩子们一个个上台，特别让人感动。尤其是小班的几个节目，我记得其中有一个是师幼共同表演的“黄鹂鸟和小蜗牛”的情景剧，孩子和老师们各司其职，有的唱歌，有的跳舞，有的表演。看到孩子们扮演的小蜗牛们和着音乐在地上“一步一步”地往“上”爬时，我和台下的观众都感动得热泪盈眶。没错，不是所有孩子都能成为舞台上的主角，但你给了“小蜗牛”们表现的机会，他知道自己没有被落下，自我价值得到了肯定，知道自己也是行的。

园庆没有落下一个孩子，那毕业典礼就更应该如此。在我们幼儿园，每一年大班的毕业典礼，我们都不会刻意去策划什么节目。对孩子来说，这是他人生中的第一个毕业典礼，应该让他们每个人都去享受这个过程。让每一朵花蕾都美丽绽放，你怎么能错过任何一朵呢？我就是要时时引发老师们的思考，让老师通过看、听、感受、思考，融入到花朵幼儿园的师幼氛围中来。事实证明，这非常有效。

每个孩子都是独立的个体，都有他独特的存在价值。正因为孩子的多元化，我们的世界才变得丰富而多彩。不管是园庆还是毕业典礼，抑或是重大的公开活动，我们花朵幼儿园的孩子一个都没有落下，他们就像一朵朵色彩各异的花朵，努力地绽放着自己的美丽。对大人来说，可能只是一次园庆、一场活动，对孩子们来说，却是一段成长的经历、一次难忘的回忆。

这虽是一件小事，但其中蕴含的是正确的儿童观念和教师观念。我们现在的老师都在高等学府进行过专业化、系统化的学习，在专业上基本不存在问题，但为什么我们还是时常会听到一些不和谐的声音？这就是教书育人的功能没发挥好，只教书不育人，还有就是专业情感上出现了问题。一个老师，只要她发自内心地爱孩子，那任何事都能做好，任何问题都能解决。老师不能把孩子看成工作的对象，要看成自己的朋友，是跟自己一起直面问题、共同生活的伙伴。教师工作是一项面对人的工作，这项工作要有温度，要有热度，更需要理解和付出。

缠胶带的橘子树

一次午后散步，小班的老师带着孩子们来到种植园边上散步，一阵阵的橘子花香吸引着孩子们。“什么花这么香呀？”孩子们很好奇。老师随口说道：“这是橘子树，橘子树开花了。”“橘子树开了花会结橘子吗？”“当然会呀。”

这一次散步，让孩子们对橘子树产生了浓厚的兴趣，每天午饭后，他们都想去看看橘子树。就这样一天天地看着橘子树从开花到结出小小的果子，果子慢慢地变大，孩子们越来越关注它们。当看到树枝上挂着一个个小橘子的时候，孩子们激动得数啊数，可怎么也数不清。橘子树上到底有多少个橘子呢？孩子们想出了好办法，每个人认领一个橘子，把属于他们自己标识的贴纸贴到了橘子上。全班 31 个小朋友的贴纸全部贴到了橘子上，还有好多橘子没有贴纸。他们就会说：“这橘子树上的橘子比我们班上的小朋友还要多。”

随着橘子慢慢长大，颜色由绿慢慢地变黄。有一天午后来散步时，浩浩看到自己的橘子掉在地上，伤心地哭了。老师说：“这说明橘子熟了，我们回去品尝吧。”可是浩浩小朋友怎么也不愿意剥开橘子吃，他一定要让老师把橘子挂在橘子树上，而且自己想到可以用胶带纸把橘子绑在树枝上，老师满足了他。

没过几天，成熟的橘子越来越多，掉得也

越来越多，没有一个孩子愿意吃掉下来的橘子。他们都模仿着浩浩，用胶带纸把这些橘子捆绑在树上。他们不想吃掉亲眼看着长大的橘子，他们认为幼儿园里树上结的橘子是有生命的，妈妈从水果店买来的橘子才是可以吃的。

老师充分地理解孩子们的想法，因为老师知道，幼儿期的孩子，特别是三四岁的孩子，普遍存在一种独特的心理现象——泛灵心理，这个时期的孩子把所有的事物都视为有生命和有意向的东西。如果你细心观察，就会发现：有一个时期，宝宝会把一切东西都视为有生命、有思想感情和活动能力的。因此，我们常看到这个时期的孩子与枕头“谈心”，与布娃娃、布熊等玩偶“讲话”……所以和孩子们一起生活，就要陪着他们慢慢地成熟，慢慢地长大。

泛灵心理是幼儿期短暂而特殊的一个阶段，皮亚杰把这一阶段称作是“万物有灵阶段”。随着年龄的增长，幼儿泛灵观念的范围也会逐渐缩小。教师作为孩子的教养者之一，保护了孩子们这种“泛灵心理”，呵护了孩子的童真。“给橘子缠上胶带”既保护了孩子们的童心，又给他们上了一堂“爱”的教育课，让他们学会了关爱自然界中的一切生命。

老师用专业的素养陪伴着孩子们成长。什么是真正的陪伴？这就是最好的陪伴。

你会和孩子聊天吗？

如何使我们和孩子的沟通更为有效，“聊天”是一个好方法。我们成人间聊天，可以增进感情，释放心情。那我们和孩子呢？当然是一样的，通过聊天的方式，我们可以更好地增进对彼此的了解，更多地了解孩子的不同需要。我们的孩子也十分渴望与老师聊天，他们也希望自己能得到老师更多的关注。可孩子毕竟是孩子，要学会和孩子聊天，这里面还是有不少技巧的。

幼儿园15分钟的大早班，是我最喜欢与孩子们聊天的时间。大早班是不分班的，孩子们集中在这里，一起玩海洋球，做一些小游戏。这时我就会主动地去和孩子们聊天，问问他们叫什么名字。我记得很清楚，有一个孩子叫“张仲乾”，我就问他：“你的‘张’，是不是弓长——张？”孩子说：“不是的，但我会写。”最后孩子写出来的还是“张”。我就告诉他：“你这个就是弓长——张啊，以后要是别人问你，你就可以这么回答。”然后孩子又在纸上写出了“仲”字，但“乾”字孩子就不会写了。我问了带班老师，知道是哪个字，就跟孩子说：“你这个‘乾’，是‘乾坤’的‘乾’，是个非常了不起的字。”孩子听了很高兴。

孩子和老师建立了信任，他就无话不谈。张仲乾开始跟我聊去美国旅行的事，说着说着，他又说到了爬山。我就问他：“张仲乾，你爬山也是在美国爬的吗？”他立马说不是。我就说：“你这样思路太快，孟老师都跟不上你了。我们先说一件事，说完了，再说另一件事，这样孟老师才跟得上你呀。”这种对话看似是闲聊，其实也是在告诉孩子聊天的技巧。

几次大早班下来，我发现有个中班的孩子特别地腼腆，不擅于表达自己。当我问他叫什么名字的时候，他清晰地回答：“我叫‘季彦衡’——季节的季，颜色的颜的一半，平衡的衡。”我知道机会来了，就当着所有孩子的面表扬了他。他笑得很不好意思。对于这样的孩子，老师就是要不断地强化、放大他的优点。正巧这个时候，他的班主任来了，我又故意提高声音说了一遍：“许老师，你们班季彦衡小朋友非常了不起，他能这么表达自己的名字。我觉得这个方法非常好，可以请他在班级里给别的同学说说经验。”我们的许老师也心领神会，立马就回应我：“季彦衡，你这么了不起啊，你真是太棒了。”我当时就看到了这孩子脸上那种自豪、自信的表情。

儿童通往成人的路是每一个儿童必须要走的路。在这条“必经途径”中，儿童必须经历自己的生活。我常常说，做老师真的没有什么难的，无非就是“用心”两字。只要你用心了，就能看到孩子在改变。作为教育工作者，我们要充分认识到每个儿童的独特之处，了解儿童自己独立的认知与学习方式，要尊重儿童人格的独立性，每一个成人都不能无视这种独立能力。尊重儿童人格的独立性，就是既要承认儿童现有的发展水平和能力，又要看到儿童发展的总趋势，不能有意无意地贬低或抹杀儿童的能力。

下岗的小厨师

在“劳动的人”的生活化、游戏化主题当中，有一个生活实习场叫“美食广场”，这是小朋友们十分喜欢，也十分期待的一个主题活动。在美食广场里，我们会设置很多工作人员，有厨师、服务员，当然，更少不了顾客。帅帅好不容易竞选到了做寿司小厨师的机会，自己也十分开心，就等着在活动那天大展拳脚。

为了让孩子们熟悉活动的过程，在我们的美食广场正式经营之前，我们的老师会以各个班级为单位进行一次试营业。在试营业的时候，帅帅用他笨拙的方式做着寿司，一开始，他还相当认真，可当一个个寿司做好了摆在自己面前时，他实在控制不住自己，就偷偷地吃了起来。他先是用手抓一点点肉松，然后又抓一点点米饭，没想到自己做的寿司这么好吃，他越吃越香，到最后就吃了一整个。

帅帅的行为被边上正在“工作”的其他小朋友看在了眼里。试营业结束后，老师组织小朋友们开起了分享会，大家一起讨论在试营业时发现的问题，同时一起商量解决的方法。有个小朋友提到了帅帅偷吃寿司的事，大家一片哗然。活动的游戏规则是由孩子们自行讨论决定的，老师只是进行适当的引导，并不直接干预。所以当帅帅的问题被指出后，小朋友们都觉得他这样做是不对的，大家一致决定让他“下岗”。虽然有些沮丧，但面对这个结果，我们的小厨师也认识到了自己的错误，在老师的开导和引导下，帅帅坦然接受了这个处理结果。

回到家后，帅帅和父母分享了这件事。他告诉妈妈，虽然知道自己的行为不对，但寿司真的是太美味了，他实在是忍不住，所以就偷偷吃了。孩子的父母也非常有方法，他们连夜赶到超市，购买了制作寿司的食材和工具，然后亲子一起制作，让帅帅在家中过一把寿司大厨的瘾。虽然帅帅的心情好了很多，但他还是想去幼儿园的美食广场当大厨，想要得到小朋友的称赞，想要得到老师的奖励。妈妈先是指出，作为一个工作人员，就应该遵守工作人员的规则，即使食物再诱人，偷吃总归是不对的。帅帅也欣然接受了批评。接着妈妈就鼓励他，既然那么想当小厨师，就应该主动去找老师，提出自己的想法。

第二天，帅帅早早地来到了幼儿园。他先是找到老师，表达了自己的愿望。我们的老师也觉得，一个五六岁的孩子，被美食诱惑，在制作的过程中忍不住吃了起来，这也是非常符合他这个年龄段孩子的特点的。但是，孩子能很快意识到自己的不足，并愿意付诸行动去改正，这就相当难能可贵了，所以老师也非常愿意给他这个机会。但是，由于规则都是小朋友们一起讨论制订的，所以面对帅帅的请求，老师也没有包办代替，而是组织了全班同学，针对这个问题进行了讨论。老师先是让小厨师向同伴们表达了自己的愿望，小朋友们也都很善良，马上就表示："如果你能改正，做到不偷吃，只要改掉这个毛病，你还是能做厨师的。"帅帅当即就保证了，而且很兴奋。在整个美食广场活动开始以后，帅帅更加认真地为小伙伴们制作美食，也获得了大家的一致好评。寿司卖完后，帅帅拿到了老师给他的奖励——一个美味的寿司。"快看，这是我当大厨拿到的奖励，我没有在做寿司的时候吃哦！"帅帅捧着自己的奖励，那么地骄傲。

每个年龄段孩子的特点各不相同，尊重儿童的基础，就是要掌握他们的年龄特点。我们的老师还是非常了解这个年龄段孩子的特点的，也能够把握好、尊重到他们发展的心理节律。帅帅想要当大厨，我们首先要尊重孩子的这个"理想"，并帮助他实现这份理想，耐心地引导，培养他的自律，教育才会得心应手，孩子也会快乐无比，并且获得成长。

再看看我们的孩子，当他获得老师、同伴、家长的"尊重"后，他也为能够改正自己的一些不足而感到高兴。我们通过这件事情的处理方式，也充分地帮助儿童提高了他们的自制力，让他们在生活化、游戏化的过程中，获得了自我的提升。

玩具整理员的哭声

一年一度的花朵幼儿园大卖场活动开始了，大班的孩子们可高兴坏了。幼儿园开展了"商品"主题活动，孩子们通过认识各种各样的商场，了解不同商场的购物环境、商品的分类、货物的来源等，再学习认识钱币，参与买卖游戏。在积累了丰富的经验后，孩子们就可以"真刀实枪"地操练起来了。

活动当天，大班的孩子们把家里闲置的玩具等物品带到幼儿园，放到自己的摊位上“明码标价”。为了让孩子们在活动当中充分体验不同的社会角色，获得进一步的社会生活体验，大卖场活动还设置了不同的“岗位”——收银员、导购员、整理员、保洁员等，孩子们可以根据自己的兴趣竞选不同的“岗位”，体验不同的工作。一时间，整个活动区域“人声鼎沸”，有大声叫卖的，有讨价还价的，有埋头认真“工作”的，也有兴致勃勃逛“卖场”的……现场好不热闹。

一个上午很快就过去了，小朋友们个个收获满满，每个人都买到了自己心仪的物品。就在这时，整理员小凯的哭声打破了现场的喜悦气氛，他抱着老师，哭得好伤心，老师好一顿安抚才让他平静下来。原来，在整理物品的时候，小凯早早就看中了一个地球仪和一辆小汽车，准备一会儿整理工作结束后去买。可是本该和他轮班的小朋友只顾着自己玩，迟迟不来“接班”，小凯眼睁睁地看着心仪的地球仪和小汽车被其他人买走，他伤心极了。

事后，我察看了幼儿拍摄的大卖场活动视频，发现小凯的情绪经过了一个明显的波动。一开始，他看到地球仪被别人买走了，脸上的表情很难过，但是控制住了，没有哭，只是很着急地东张西望，找寻应该来轮替他的小朋友。后来，小汽车又被人买走了，他再也忍不住了，一个人躲在角落悄悄流泪。老师看到他情绪不对便上前询问，他才彻底崩溃了。

我让老师陪着小凯，到其他摊位上再仔仔细细逛一圈，看看有没有他喜欢的别的东西。不一会儿，小凯就“多云转晴”，捧着一个变形金刚机器人兴冲冲地跑了回来，还跟班上其他小朋友“显摆”了一圈。活动结束之后，老师让小凯在班级里跟同学们分享了自己的故事，还开展了谈话活动。孩子们通过讨论，认识到游戏活动中规则很重要，游戏规则确定后，大家都要遵守，否则会影响别人。同时孩子们也明白了，一旦遇到自己无法解决的问题，可以寻求同伴或成人的帮助。就这样，一场小小的风波成了对小朋友开展规则教育和情商教育的很好契机。

幼儿的情商、经验都是在体验中习得的，在集体生活中，他们不可避免地要面对一些挑战和困难，这些问题的解决有赖于他们能力上的进一步提高，也能锻炼他们不怕困难、勇于克服困难的优秀品质。作为成年人，我们既要充分调动他们运用原有经验解决新问题的能力和积极性，也要在这个过程中及时为他们提供心理支持。当我们说到对孩子的照顾，很多人自然而然地会归结到吃饭、睡觉这一类，但其实照顾并不只是包括吃喝拉撒这一类生理需求，很多时候，孩子的情绪、想法也应得到大人的重视。满足他们天马行空的想法，排解疏导他们的不当情绪，这是对孩子更高层面的“照顾”。这种心理上的照顾，更能够让幼儿得到满足。我们常说要让幼儿的身心都得到发展，由此可见，“心理的健康”与“身体的健康”一样重要，不容忽视。

比萨掉了以后

花朵美食广场活动是幼儿园人气最高的一项活动，这个活动也是大班主题活动“劳动最光荣”的延续。大班小朋友以班级为单位，商议制订班级菜单：酸奶沙拉、寿司、彩色圆子、饺子……然后全班小朋友在老师和家长志愿者的帮助下，自己动手准备美食，在幼儿园的大厅、多功能室、户外空间摆出美食摊位，全园的小朋友都可以来购买和品尝美食。

到了美食广场活动这天，大班的小朋友每人可以带 10 元到幼儿园，中班小朋友则会获得一张免费的品尝券。考虑到钱币不太卫生，活动开始前，老师们会要求小朋友到“收银处”将自己的钱换成相应金额的美食点卡，用来购买美食广场上售卖的美食，花不完再到“收银处”退钱。

活动开始了，“顾客”们迫不及待地奔向各个美食摊位，生怕晚了就吃不到了。在比萨摊位前，一个中班的小男孩刚刚接过“售货员”递来的比萨，张开嘴巴正准备吃，两个大班的小女孩也挤过来买，一不小心就撞到了小男孩，比萨也掉在了地上。小男孩显然有点蒙，但是没有哭。

这一幕刚好被我看到，我就走上前去询问情况。两个小女孩你推我，我推你，有点紧张，却不知道该怎么办，一直解释自己不是故意的。“现在弟弟的比萨掉在地上了，应该怎么办呢?”我问道。其中一个女孩想了想说：“捡起来扔到垃圾桶里。”我又继续引导：“那弟弟没有吃的了，怎么办，我们是不是应该赔给弟弟?”两个小女孩想了想，又小声地商量了两句，就一起跑去了“收银处”，我也赶紧跟了过去，看看她们接下来会怎么处理。

一块比萨售价 2 元，每个人要出 1 元钱赔给弟弟，但两个小女孩的钱已经全部换成美食点卡了，手上没有钱了。她们商量，先把自己手上美食点卡上的钱退了，再各自拿出 1 元钱，另外买一张面值 2 元的美食点卡，这个问题就迎刃而解了。

我当时在现场，触动非常大。成年人往往不太相信孩子有独立解决问题的能力，我们对孩子总有太多的不放心，总想着帮孩子把事情都做好。但事实证明，只要稍加引导，孩子解决问题的能力超乎我们的想象。对幼儿的呵护和照顾并不等于过度保护和包办代替，应该给孩子足够的机会、适当的鼓励和具体的指导，让孩子学着自己去解决问题。

孩子是否能够成功解决问题，更多地取决于他(她)的经历而非聪明。在日常生活中，我们要利用各种情境契机，有意识地为孩子创造自我解决问题的机会和条件，让孩子大胆去试，上好成长过程中这不可或缺的一课。

后来，这两个小女孩成功买到了比萨，我和她们一起把比萨送到了中班这个小弟弟的手上。小男孩再吃到比萨，开心得不行，两个女孩子也开心得直笑。后来，她们还画了一幅长长的日记，把这件事情记录了下来，我相信这一定会是她们在幼儿园里非常珍贵的一段回忆。

幼儿一点一滴的成长离不开教师细心的观察。教师作为幼儿活动的支持者、引导者，要善于观察，观察幼儿在活动中的表现，观察幼儿的行为变化，观察和分析幼儿的发展状况。观察不是为了写观察记录而观察，观察是为了帮助幼儿更好地解决当下的问题。比萨掉了这一件小事，如果没有教师的观察和引导，可能直接就过去了——小男孩吃不到比萨，小女孩们直接去买自己的东西。而正是有了教师的观察和积极的引导，才解决了这个问题。在这个过程中，不管是掉比萨的小男孩还是换钱的小女孩都得到了满足与成长，更让我们老师看到了幼儿拥有自主解决问题的能力。

钱越用越多

花朵美食广场活动正在热闹进行，小朋友们买的买、吃的吃，一片忙忙碌碌的景象。一名老师却走过来，有些严肃地跟我说，有个男孩子在活动中“打坏主意”，问我该怎么办。

这个男孩子在班上一向很活跃，非常聪明。我跟在他身后观察了一阵了，发现了他的“小伎俩”。美食摊位的食品非常多，但是我们让孩子带来花的钱是有上限规定的。寿司摊位的人气比较高，一份寿司售价 5 毛钱，大家一般都是给 1 元钱，“售货员”再找 5 毛钱。这名男孩也要了一份寿司，却先不给钱，站在一边先吃掉，吃完了再跟“售货员”说还没找钱，再让人家找 5 毛钱给他。人一多，“售货员”有点搞不清楚状况，稀里糊涂就找了。就这样，男孩子不光免费吃，钱还越用越多，几个摊位下来，口袋里的钱多了好几元。

发现这个问题后，我马上把男孩子拉到一个僻静的角落里，跟他谈一谈。他马上就意识到了自己的错误，主动到去过的几个摊位付了钱。

两三岁起，幼儿的自我意识开始萌芽，开始用自己的方式分析和了解世界。进入幼儿园后，这种自我觉醒的意识和行动进一步强化。由于这一阶段孩子的社会情感发展尚未完善，自我控制力不强，容易出现一些小偏差，但这些小偏差往往都是无意识的，不能上升到道德高度。

幼儿的自尊心很强，心理也很脆弱，发现类似的问题时，我们既要注意保护他们的自尊心，又要及时纠正他们的偏差。在纠正偏差时，不要动辄上纲上线，而是要采取恰当的方式积极引导，告知孩子正确的方式和规则。孩子本身并不理解自己的偏差行为会引发的后果，在引导时，我们可以采用场景代入的方式，让幼儿思考，如果事情发生在自己身上，自己会不会很伤心、很难过。同时要明确告诉孩子，哪些行为是正确的，哪些行为是错误的，让他们懂得遵守基本的社会行为规范，比如不私自拿不属于自己的东西、做了错事要敢于承认等。幼儿经过思考和分析以后，就会感觉到一种内疚或不安的情绪，他们会认识到自己这样的行为是不对的，下次就不会再犯了。千万不能打骂幼儿，或者上升到道德层面对幼儿进行批判。

随时观察孩子的异常行为，分析孩子出现问题的原因，进行正确的引导和纠正，既是对孩子现在负责，也是对孩子将来负责。

我不要理发

幼儿社会领域的学习与发展过程是其社会性不断完善并奠定健全人格基础的过程。3—6 岁是幼儿社会性发展的关键期，他们对社会、对周围的一切还没有全面、系统的了解，但同时又有着浓厚的兴趣，喜欢去体验社会、感受社会。

社会实践活动一直是花朵幼儿园课程的一部分，根据《幼儿园教育指导纲要（试行）》（以下简称《纲要》）要求，从小班开始，我们会从幼儿熟悉的环境入手，让幼儿了解与自己的亲人、自己的生活相关的各行各业的工作内容，培养他们对劳动的热爱和对劳动成果的尊重。到了中班，社会实践活动会逐渐拓展到社区范围，老师会带领小朋友走出幼儿园，到附近的理发店、小商店走走看看，获得更直观的认识。

我们的实践不是走马观花，而是沉浸式的，我们会制订详细的活动方案、参观计划和目标任务，让孩子们带着问题去活动。以理发店体验为例，我们会让孩子观察理发店的工具，了解理发的流程，跟着理发师学习卷毛巾，从小养成讲卫生的好习惯。为了让孩子们能更真实地体验，每次活动我们还会选出一名班级小志愿者作为“模特”，现场理发给其他同学看。

就要去参观理发店了，班上的小朋友都兴奋得不得了。只有妞妞一个人一直嚷嚷着不要去，因为她从小就不愿意理发，每次爸妈带她去理发，她都要哭闹一番，坐到理发店里也不停地乱动，拼命躲着理发师。妞妞妈妈提前和我沟通了这个情况，我决定趁这个机会帮妞妞克服“理发障碍”，怎么办呢？我们想到一个主意——让她做班级唯一的小志愿者。果然，听说自己能做小志愿者，妞妞很高兴，但眼神中还是流露出害怕。我鼓励她说：“我们班只有你一个志愿者哦，其他小朋友都很羡慕你呢！”听了我的鼓励，妞妞不再排斥到理发店体验这件事。活动当天，虽然明显还是紧张害怕，但妞妞没有哭闹，也没有抗拒，从洗头到剪刘海，妞妞顺利完成了自己的“任务”，我和班上其他小朋友都为她竖起了大拇指。

幼儿的年龄比较小，心理承受能力和化解问题的能力有限，因为各种原因，对某些事情会表现出比较强烈的恐惧和戒备情绪，比如怕黑、不喜欢理发、怕陌生人。成年人的接纳和鼓励对孩子来说非常重要。首先我们要认识到这是一种正常的行为，要接受孩子因不同程度的恐惧而表现出的激烈反应，而不是片面地认为孩子胆子小，从而让孩子对自己产生一些负向的评价。在这个基础上，我们要引导孩子在情绪和情感上接纳恐惧，陪伴孩子勇敢地面对恐惧、克服恐惧，对孩子取得的成绩给予及时的肯定和鼓励，帮助孩子建立克服恐惧的自信心。

5 元的，我不要

数学是一门很重要的学科，很多家长在学龄前就会有意识地对孩子进行数学训练，认数字、做算数、背加减法和乘法口诀。可孩子往往不耐烦且不配合，最后常常“母慈子孝”变成“鸡飞狗跳”，结局不欢而散。孩子这样的表现并不是家长口中的“笨”“不听话”，而是因为孩子的思维并没有发展到那个水平。

有一次，在大班的角色游戏中，我遇到了一个很可爱的男孩小宝，他是“营业员”，一口气带了 17 辆小汽车玩具到幼儿园，大大小小排成一排，非常壮观。一个女孩子走过来，挑挑选选，看中了一辆标价 4 元的小汽车，给了小宝一张 5 元的“钱币”。于是就有了下面这样一段可爱的对话——

女孩：“找我 1 块钱。”
男孩：“为什么要找你 1 块钱？”
女孩：“我给了你 5 块钱，这辆小汽车 4 块钱，你要找我 1 块钱。”
男孩：“你给我 1 张钱，我给你 1 辆小汽车，为什么还要找你 1 块钱？”
女孩：“5 减 4 等于几？”
男孩：“等于 1 啊。”
女孩：“那你是不是要找我 1 块钱呢？”
男孩（想了好几秒）：“我不要 5 块钱，我只要 4 块钱。”
女孩：“那我把车子退给你，你也把钱退给我。”

不过，这笔“买卖”最终还是做成了，怎么做成的？女孩到“收银处”，把 5 元的“钱币”换成 5 张 1 元的“钱币”，最后用 4 张 1 元的“钱币”买到了这辆小汽车。

活动结束后，在总结讲评时，老师发现小宝的 17 辆汽车全都被买走了，但他最后的“营业额”只有 20 多元，比这些小汽车的总售价少太多。老师询问他原因，他说：“讨厌的 5 块，我不要！”原来，小宝觉得 5 块钱给他造成了很多麻烦，营业结束后，他把所有的 5 元“钱币”全部送给了隔壁柜台。

10以内的加减法，其实小宝都会，但放到实际生活中，他又不会了，还闹出了这样可爱的小插曲，可见幼儿对数学的认识和实际应用之间还是有距离的。因此，幼儿阶段数学启蒙的重点不是靠枯燥的死记硬背和死板的传授知识概念，而是要把数学教育融在幼儿日常的生活中，从培养幼儿对数学的兴趣开始，从提升幼儿对数学的感知和应用能力开始，逐渐促进他们数学思维的发展。

现在超前学习已经成为一种普遍现象，很多家长从小中班开始就会让孩子学习数学、拼音等，生怕孩子输在起跑线上。教育部《关于开展幼儿园"小学化"专项治理工作的通知》明确要求，禁止幼儿园提前教授汉语拼音、识字、计算、英语等小学课程内容。幼儿园严禁"小学化"，不仅仅是因为非智力因素的培养对学龄前儿童更加重要，也是因为学龄前儿童的认知发展水平有限，还不能很好地理解和掌握这些知识。提前教育不仅事倍功半，还容易让孩子产生挫败感，对学习产生畏难情绪。

教育家蒙台梭利曾说过："每个人的成长都有一个程序，他在某个年龄特征段该领悟什么样的问题，其实是固定的，你没办法强求，过分人为地加以干涉，只会毁了他。"教育要循序渐进，尊重孩子的成长规律，一定不能拔苗助长。

老师，我不想看

对孩子的尊重，还表现在我们的老师会在乎孩子们的每一个想法，不管这个想法在大人看来是多么地荒诞和不可思议。我们要保护孩子的这种自尊心，我们的原则是接纳，接纳孩子的前提是尊重，接纳和尊重是无条件的。这也需要教育者对儿童有更多的爱心、细心和耐心，儿童也更喜欢和成人之间平等、友好的相互关系。在包容有爱的环境中，孩子才能获得更多的成长。

中班以后，我们的老师就会更多地引导孩子们进行科学探究类型的主题活动。到了春天，每个班里都会饲养蚕宝宝，老师和孩子们每天都在日常生活中观察和记录蚕的变化。从喂食后慢慢长大到最后结茧，大家都会记录下来。除了过程性的记录外，蚕宝宝在结茧以后，我们也会引导小朋友继续探究——这个白白的茧和漂亮的衣服有什么关系？这个白白的茧又是怎么变成一根根丝线的……

其实一开始的时候，我们的老师也不知道这个茧是怎么变成丝的。在与小朋友共同饲养蚕宝宝的过程中，老师和小朋友一起去请教"高人"，然后一起上网学习——原来，蚕宝宝结茧后会变成蛹，而要让茧变成丝，就必须用开水去烫开，才能拉出丝来。其中有一个班级，在老师正准备用开水烫开这些茧的时候，班里就有一个小女孩怯生生地对老师说："老师，我不想看。"老师立即就停了下来，问她为什么。小女孩就说，她的手不小心被开水烫过一次，她觉得很疼很疼。"蚕宝宝还在里面睡觉，如果用开水烫它，它得有多疼啊！"孩子觉得这些蚕宝宝是她养出来的一个个鲜活的生命，用开水去烫它们，实在是太残忍了。班里还有其他几个孩子也表达了同样的想法。

面对单纯、善良的孩子们，我们的老师也快速反应过来，她觉得应该尊重这些孩子内心的想法，他们不想看，那当然可以选择不继续进行下去。于是，她就让这几个孩子避开了这个探究。别看这是一个很细微的做法，这其实也充分体现了老师对孩子的尊重。我们的老师尊重孩子们的意愿，也尊重他们的选择。

同样的例子还有很多。在关于昆虫的一个主题活动中，我们的老师带领孩子到隔壁的运河公园去捕捉昆虫，比如蚱蜢、蝴蝶、蜻蜓……观察、饲养了昆虫以后，孩子们也会分享自己的想法。活动结束后，老师并没有想过要如何处置这些昆虫。到了临近放学的时候，有一个孩子就说："老师，蚱蜢在幼儿园里没有吃的，也没有同伴，我们就这样把它放着，它会不会死掉啊？"接着，孩子表达了想把昆虫们放回运河公园去的意愿。"我们已经跟它做过朋友，已经观察过它了，我不想它死掉。"孩子是这样告诉老师的。其实，让这只蚱蜢回归大自然，或者是任由其自生自灭，在成人看来，是一件可以忽略不计的小事。但是在孩子看来，成人口中的害虫或是益虫都是有生命的。孩子们对生命的尊重也感动着我们的老师。最后，老师还是抽出时间，陪伴着这些孩子一起回到运河公园，把抓到的昆虫放回到公园里。后来再有关于昆虫主题的活动时，将观察后的昆虫放归自然也成为重要的一课。

其实，有的时候我们会发现，孩子对于自然、对于生命的敬畏是天生的。我们的老师尊重孩子的过程，其实也是一个受教、提升和自我完善的过程。我们发现，孩子对周围世界充满了强烈的探索欲望，在探索的过程中，他们体验到高兴、赞美、惊奇、悲伤、羞愧等各种宝贵的情感。正是这些情感，帮助儿童形成了自己独立的精神世界观，这也需要成人来尊重。

在我看来——

尊重儿童不是一句空话，如果有一天，成人能卸下面具，真诚地向儿童学习，活得像儿童，那将是多么富有诗意的景象呀！因此，对学前教育来说，重要的是要做到"辅万物之自然而不敢为"。行不言之教，应向儿童学习，最大限度地尊重儿童、相信儿童，树立生命论教育观，遵循儿童心理和生理发展规律。

儿童的发展，无论是生理的，还是心理的，都是一个追求和体现独立的过程。从呱呱坠地到身心成熟，从牙牙学语到进入成人社会，并开始承担社会责任，儿童独立活动的能力可以说是与日俱增，每一个成人都不能无视这种独立能力。尊重儿童人格的独立性，就是既要承认儿童现有的发展水平和能力，又要看到儿童发展的总趋势，不要轻易贬低或抹煞儿童的能力。

如果孩子是一棵杨树，你就不要抱怨他总是在春天飞毛毛；如果孩子是小小的、淡雅的雏菊，你千万不要期待他能像牡丹那样开出娇艳的花朵。孩子就是他自己，我们只需要站在一边尊重和欣赏他就好。

第三章　羞答答的玫瑰，静悄悄地开（呵护孩子）

呵护儿童，便是成全我们的未来。

——波兹曼

儿童教育的旨趣在于呵护幼儿生命的自由生长——促进爱的生长、创造力的绵延、良好人格的养成等多个方面。幼儿教育阶段是儿童人生发展的初级阶段，在幼儿出生后相当长的时间里，他们需要成人的精心呵护，这个延长的"幼态持续期"既保证了儿童发展的时间，也为儿童的发展留下了更广阔的空间。罗杰斯曾提出，我们日复一日地给孩子们喂饭、换尿布、穿衣服、安排游戏、擦眼泪，在这样看似平凡的生活工作中，我们有时会淡忘自己的重要性。当孩子需要时，我们能够在他们身边，是他们很重要的人。最终，对孩子有最大影响力的，是我们真诚实在的为人。

心理学"恒河猴实验"中，对于从小与母亲分离的猴宝宝来说，浑身包裹着柔软绒布却不能为孩子提供食物的人造"绒布母猴"，显然要比只能为孩子提供奶水却浑身被铁丝环绕的人造"铁丝母猴"更能得到猴宝宝的青睐。只有在饥饿时，猴宝宝才会去找"铁丝母猴"。这充分印证了爱在生命发展中的重要影响，足够的呵护才能促进幼儿的成长。

儿童教育的重要目的，在于随时随地地唤起爱的萌发，促进爱的生长。这样的意识与能力需要爱的启迪、传递与教育。如果在充分了解儿童成长规律的基础上，给孩子充分的爱，儿童不仅能感受、体验、理解与领悟到爱，他们幼小的心灵中还会萌生爱的力量，以此构建其对世界的认知，以便与他人建立良好的、有益的、互动的关系。充满爱的呵护对幼儿的成长来说，是多么地重要。

每年 9 月新生入园的时候，也是幼儿园一年中"动静"最大的时候。园门口、教室里，孩子们闹成一团——有哭闹着不要上幼儿园的，有看到其他小朋友哭就跟风的，有一直碎碎念着要回家的，有抗拒一切同伴和活动的……接二连三的状况，不仅让家长们手足无措，也给老师们带来了不小的挑战。

从教几十年里，每次遇到这样的情况，我做的第一件事就是抱抱孩子，轻柔地安抚他，直到怀里那个小小的身体变得安静而柔软。

如果把人的一生比喻成一棵树，那幼儿时期就是一棵稚嫩的幼苗。3—6 岁是儿童身体发育和机能发展都尚未成熟的时期，儿童的骨骼、肌肉、器官、神经系统等都在发育阶段，感知、知觉、记忆、思维等也在不断发展中，需要成人的精心呵护和照顾。

从家庭到幼儿园，幼儿迈出了从自然人向社会人过渡的第一步，除了面临和家人分离的焦虑、生活环境的巨大变化，还要应对集体生活带来的社会交往、生活自理、语言发展、认知学习等一系列挑战。对身心都尚未成熟的他们来说，这种转变和适应带来的挑战无疑是巨大的，更加迫切需要来自老师的照顾和支持。但正是这样一种未成熟的状态，蕴含着个体发展的无限潜力和可能性。美国实用主义教育家杜威认为："生长的首要条件是未成熟状态，它是一种积极向前生长的力量，是一种生长、发展的可能。"

对幼儿的呵护和照顾并不等于过度保护和包办代替，而是要在研究他们发展特点和规律的基础上科学保育，在生活活动、游戏活动、教学活动中注重发展他们愉快的情绪、强健的身体、协调的动作、良好的生活习惯和基本的生活能力，给予他们更多自主学习、探索的机会，为他们的终身学习和发展奠定良好的基础。

我经常跟老师们强调的一个观点是："爱"让老师更专业。这在幼儿教育阶段尤为重要。在花朵幼儿园，我们绞尽脑汁，为孩子们提供合理均衡的营养膳食，保证他们拥有充足的睡眠和适宜的锻炼，满足他们生长发育的需要；我们创设温馨的人际环境，老师的笑容就是对孩子最好的鼓励，孩子们在这里充分感受到善意和关爱，感受到尊重和平等，形成积极稳定的情绪情感；我们帮助孩子养成良好的生活与卫生习惯，教他们学会自我保护，养成终身受益的生活能力和生活方式……这样无微不至的关怀，离不开每一个老师对孩子发自内心的爱。

儿童最大，童心最真。作为教育工作者，我们有责任、有义务呵护每一颗童心。教师应该确立儿童本位的教育理念，站在儿童的立场，尊重儿童，呵护童心，保护童真，使儿童能够身心自由地生长。有人说，爱自己的孩子是本能，爱别人的孩子是神圣。在我看来，每一个孩子都是"羞答答"的小天使，只要我们用爱温柔以待，他们就会绽放不一样的精彩。

我的教育故事——

菜谱比较

孩子的吃饭问题是很多家长关注的重要问题，也是幼儿园卫生保健的重要工作内容。3—6 岁是儿童生长发育的关键期，这一阶段孩子身体的各个方面都在快速发育，加上活动量较大，新陈代谢旺盛，需要及时摄入充足丰富的营养。

彬彬奶奶是个很健谈的人，每次送彬彬到幼儿园，她总会和老师聊聊孩子在园、在家的表现。一天早上，恰好碰到我在幼儿园门口迎接孩子们，她又热情地走上前，和我聊起了幼儿园的食谱。“为什么花朵幼儿园从来不吃大排呢?”原来，彬彬奶奶的外孙在另外一所幼儿园就读，奶奶和家人对比发现，那家幼儿园的食谱上时不时会出现油炸大排这样的“硬菜”。我告诉彬彬奶奶，幼儿的牙齿还没有长全，咀嚼功能相对较弱，油炸大排这样难嚼的食物不太适合他们，孩子们常常是嚼着嚼着就吐掉了；从营养角度来说，大排中的蛋白质，幼儿不易吸收。彬彬奶奶这才恍然大悟。

受家庭饮食习惯和喂养习惯影响，现在挑食的孩子越来越多，很多孩子一天中大部分的能量和营养摄入都依赖幼儿园的一餐两点。花朵幼儿园是苏州最早向家长公示每周食谱的幼儿园之一。一直以来，我们也把膳食管理工作当作幼儿园的重要工作之一，努力做到食谱制订科学化、安全化、多样化。

花朵幼儿园每周的食谱一目了然，早点通常是牛奶加饼干，午餐荤素搭配，下午的点心则是水果配上面点或粥类，一周在园，5 天不重样。我园的菜谱看似简单，却是我们保健医生、食堂工作人员参照《0—6 岁儿童膳食指南》，经过带量食谱分析后反复斟酌、科学搭配出来的，用“绞尽脑汁”来形容制订食谱的过程，一点也不为过。

幼儿的营养要全面均衡，我们就确保每天的一餐两点有谷物、蔬菜、水果、肉、奶、蛋、豆制品等，而且尽可能多地换花样，各种肉类和瓜果蔬菜轮换供应，既保证营养齐全，也能增加孩子们进餐的兴趣。幼儿的胃容量小，消化和吸收能力相对较弱，我们就坚持科学烹调，配餐做到干稀结合、粗细搭配，不用或少用煎炸的方法，而是尽量用蒸煮、红烧等方式把食物烧得细软、清淡，让幼儿喜欢吃。总之，幼儿容易挑食、偏食，我们就在色、香、味、形上做文章，想办法把小朋友不爱吃的蔬菜掺进荤菜里，将菜品的颜色尽量搭配得鲜艳好看，以激发他们的食欲。

作为园长，我也常常会给保健医生、食堂工作人员出出“难题”。苏州是江南水乡，各种鱼类丰富，但苏州的淡水鱼类刺比较多，出于安全考虑，幼儿园的食谱上很少出现鱼类食物。可是，鱼类的蛋白质含量优于禽畜产品，更容易被人体消化吸收，也更适合幼儿食用。一切从孩子的需求出发，作为管理者，我要做的就是想办法破解这个难题。经过不断尝试，我们把淡水鱼剔除刺后，在鱼肉里加入胡萝卜丁、玉米粒及一些时令蔬菜，用绞肉机仔细打碎，制成了好吃又好看的蒸鱼糕。这道美味的蒸鱼糕至今仍是幼儿园最受孩子们欢迎的菜品之一，每次看到孩子们吃得津津有味的样子，我就觉得无比欣慰。

为什么我会对幼儿的菜谱如此重视？因为营养膳食对幼儿生长发育起着至关重要的作用。3—6 岁正是幼儿生长发育的旺盛时期，每天必须从膳食中获得充分的营养物质，才能满足其生长发育和生活活动的需要。如果幼儿长期缺乏某种营养或热量供应不足，不但影响幼儿的生长发育，还会引发许多疾病。幼儿一天在园进行一餐两点，也就是说，幼儿一天纳入的营养中，有很大一部分来自幼儿园，因此幼儿园的营养配餐就显得尤为重要。幼儿园要保证幼儿能摄入必需的营养，做好卫生保健工作，培养幼儿良好的生活卫生习惯和独立生活能力。

坚果味道好

说起坚果，很多家长都“如临大敌”。在精细化育儿的今天，坚果这类窒息风险高、坚硬且不易消化的食物，容易被列入“黑名单”。但在花朵幼儿园每周食谱的早点中，一定有坚果这一项，杏仁、开心果、核桃、腰果……市面上常见的坚果，孩子们都有机会吃到。

事实上，坚果类食物营养价值很高，蛋白质、脂肪、钾、钙、铁、锌等含量丰富，对幼儿的智力和体格发育是非常有益的。随着会厌软骨的发育和咀嚼功能的发展，3岁以后的儿童是可以进食整颗坚果的，只要注意不在进食时跑动、玩耍、哭闹，以免坚果卡到气管中造成危险。

随着生活条件的改善，家长们在孩子的喂养上愈发用心。怕孩子嚼不烂、不好消化，许多家长总是想方设法把食物弄烂弄软，什么都要剁碎；怕孩子吃不好、吃不饱，许多家长常骗、哄、追等“花式”喂饭。这样过度保护导致的问题是，很多孩子一直到进了幼儿园都不会自己吃饭，到了吃饭时间就习惯性地张口等老师喂饭。

小楠是我遇到的很极端的一个小女孩，她瘦瘦小小，比班上其他女孩子矮半个头。吃饭的时候，其他孩子吃得像小猪一样“哼哧哼哧”，她却是一口饭含在嘴里，甚至连咀嚼和吞咽都要靠老师循循善诱来完成。经过和家长沟通，我们才了解到，小楠是爷爷奶奶带大的，老人担心孩子吃饭时容易噎住或消化不良，一直不给她吃大的、硬的食物，导致小楠一直到4岁时还是以配方奶粉为主食，到了幼儿园，吃饭问题自然是越来越严重。

爱的名义下，有些家长不仅剥夺了孩子发展的权利，甚至连发育的权利也剥夺了。幼儿的牙齿处在生长发育阶段，过于松软、精细的食物会导致乳牙牙根得不到充分的刺激和锻炼，造成乳牙滞留，影响恒牙正常萌出，所以很多孩子会出现“乳牙还没掉，新牙就长出来”的情况。这样不仅会对孩子的颌骨、面部神经发育及面部美观造成影响，还会阻碍孩子的咀嚼功能发展。如果孩子不会吃饭、不好好吃饭，长此以往，营养跟不上，微量元素缺乏、免疫力低下、生长发育不达标等问题就会接踵而至。

在花朵幼儿园，我们把饮食教育作为课程的一部分。每周食谱是天然的教材，当孩子们知道，像小松鼠一样啃坚果能把牙齿磨得健康又强壮，吃粗粮能让肠道加速工作，运出更多便便，吃起坚果、南瓜饼、山药饼来就更香了。而每天的用餐时间就是对孩子们进行教育的最好时机，老师们会特别注重对孩子自主进餐能力的培养——对小班的孩子，老师会侧重引导他们练习咀嚼食物，学会细嚼慢咽；中大班的老师则会重点训练孩子在规定时间内吃完饭，不要拖拉磨蹭，为将来的自我管理打下坚实基础。

不仅仅是孩子，在家园沟通的过程中，我们也在不断地跟年轻的家长们强化科学育儿的理念、科学喂养的知识。在精心呵护孩子的同时,也必须让他们得到充足的锻炼,这样才能让他们更加健康地成长。

泔脚桶大瘦身

幼儿教育是奠基教育,对幼儿来说,最重要的不是文化知识的学习,而是良好的生活习惯和学习习惯的培养及其他各种能力的提高。养成教育是幼儿园教育的重要内容,幼儿园每天都需要通过大量的学习和练习,提高幼儿自我服务能力,以逐渐养成良好的习惯。这些习惯会伴随他们一生,对他们今后适应社会、生存发展至关重要。英国作家萨克雷说过:“播种行为,收获习惯;播种习惯,收获性格;播种性格,收获命运。”这句话道出了培养良好行为习惯的重要性。我国思想家陶行知也曾说:“凡人生所需之重要习惯、性格、态度,多半可以在六岁以前培养成功。”这也揭示了培养良好行为习惯应及早抓起的必要性。我们作为教育者,要给幼儿创造环境,帮助幼儿养成良好生活的习惯,促进幼儿健康发展。

在日常保育和班级巡查中,我会特别注意观察幼儿的各种行为习惯细节,分析这些细节反映出的问题,再和老师们一起寻找解决问题的方法。

幼儿园的进餐量是科学搭配的,老师们都是本着少盛多添的原则,为孩子们分饭或者让小朋友自己盛饭。为了让孩子吃饱吃好,一般也会要求小朋友将碗中的饭菜吃完。只要在幼儿园,每天午餐时间,我都会雷打不动地到各个班级查看一遍,看看饭菜的种类、质量、口味,便于在后勤会议上及时调整。在这个过程中,我发现剩菜剩饭的情况比较突出。浪费不说,有些挑食或者吃饭慢的小朋友可能还没吃完,就趁老师不注意,把饭菜一倒就跑去玩了。

怎样解决这个问题呢?我让食堂工作人员买来电子秤,要求每天每个班级收回食堂的泔脚桶称一称、比一比,看看哪个班级浪费得最多,再把相应的情况通过公示的方式反馈给老师们,一股“光盘”风潮就这样在幼儿园流行了起来。

在班上,老师们通过讲故事、看图片、饭前谈话等形式,让孩子们明白“谁知盘中餐,粒粒皆辛苦”的意义,懂得饭菜都是农民伯伯辛辛苦苦用汗水换来的,不能任性地挑食、浪费。吃饭时间,老师们也会更加留心观察每个孩子的表现——如帮饭量小的小朋友每次少盛一点,如果不够了再来盛,慢慢、慢慢地把饭量加上去;提醒吃饭慢的小朋友,训练他们在规定的时间内吃完饭,逐步提高他们吃饭的专注力和速度;鼓励挑食、偏食的小朋友多尝试各种食物,如果今天把饭菜都吃完了,就让全班小朋友为他(她)鼓掌。

称泔脚桶比赛进行了一个学期,效果非常明显。不仅班级里的泔脚桶大“瘦身”,很多家长也向我们反馈,孩子回到家里也成了有模有样的小小“监督员”,经常把不能浪费粮食挂在嘴边,身体力行地监督着家长们。

孩子吃饭的多少、偏不偏食，往往跟家庭饮食习惯有直接关系。家庭饮食应做到种类丰富，让孩子全面摄取营养，避免因为大人的喜好导致饮食结构单一或者饮食过分精细的情况发生。此外，家长在家也要注意培养孩子良好的饮食习惯，让孩子养成定时进餐的好习惯，不要让孩子过分依赖“补餐”和零食，这样孩子反而更加不愿意吃饭。

幼儿期是培养幼儿良好行为习惯的关键时期，习惯是慢慢养成的，好的习惯更需要从小培养。一个好好吃饭的孩子，将来收获的不仅仅是健康的体魄，还有丰富美好的心灵。

吃饭不是比赛

你和孩子玩过比赛吃饭的游戏吗？为了解决孩子吃饭磨蹭的问题，不少家长在进餐时会采用比赛的方式，催促孩子多吃、快吃。很多时候，孩子为了争夺第一，确实会加快速度，狼吞虎咽，效果似乎立竿见影。

但我从不提倡，也不允许老师在幼儿园进行吃饭速度比赛。幼儿年龄较小，牙齿、咀嚼肌、各消化脏器都在发育阶段，为了抢速度，孩子们很可能不加咀嚼就把食物吞下，这不仅会加重消化系统的负担，还会影响营养的吸收。另外，吃得过猛过快，还容易使食物呛入气管，后果不堪设想。比赛吃饭，也往往导致孩子吃不饱或吃得过饱，影响正常的生长发育。

刚进幼儿园的时候，小文是个在吃饭问题上很让人省心的小朋友。老师把盛好的饭菜摆到她面前，别的小朋友还在左顾右盼，她就会第一时间拿起小勺子，飞快地埋头吃饭，不一会儿就吃得干干净净。因为吃得又快又好，小文总能得到老师的夸奖。

可慢慢地，我就发现情况有些不对——为了能拿到第一名，小文每次吃饭都是狼吞虎咽，不管是烂软的馄饨还是需要细嚼慢咽的杂粮米饭，她都是胡乱地嚼几口就往下吞，眼睛还时不时地瞄瞄其他小朋友的饭碗，生怕自己吃慢了。就这样，小文几乎每次都是第一个吃完饭，吃完还不忘跟旁边的小朋友炫耀一番：“我是第一名，厉害吧！”

我意识到，老师的鼓励让这个小家伙把吃饭当成了一种比赛。为了改变这种情况，我让老师带大家玩起了另外一种游戏：吃饭时看好教室里时钟上的指针，长长的分针从1开始，跑到5之前，不能吃完碗里的饭菜。对吃饭时长有了定量的约束，孩子们就必须细细嚼、慢慢咽。一个学期下来，小文已经可以很好地控制自己吃饭的速度，再也不是从前那个为了争第一名而拼命快吃的“心急鬼”了。而在吃饭看时钟的游戏中，孩子们不仅学会了认数字，对时间概念也有了更加清晰的认知，懂得约束自己在规定时间内做好某件事，一举多得。

很多家长会把吃饭慢和细嚼慢咽混为一谈，其实这两者之间并没有必然联系。孩子吃饭慢，常常是专注力不够造成的，比如喜欢边看电视边吃饭，或是吃饭时玩玩这个，再玩玩那个。若是家长不注意及时引导,长此以往,孩子就有了吃饭拖拉磨蹭的毛病。在进行矫正的过程中,我们应该注重观察分析造成这种情况背后的原因,帮助孩子慢慢改掉不好的习惯,而不是采用吃饭比赛这样简单粗暴的方式。

吃饭不是比赛,恰恰相反,吃饭应该是一件身心愉悦的事情,美食在味蕾上翻腾,舌尖弥漫着香味,美食是对心灵最好的抚慰……当孩子把进餐当成一件美好的事情时,自主进餐的积极性也会大大提高。我们所倡导的也是让幼儿在轻松愉快的氛围中进餐,集中精力,细嚼慢咽,这样不仅能充分刺激唾液的分泌,减轻肠胃的消化吸收负担,还能充分锻炼到幼儿的牙齿和咀嚼肌,进而促进牙弓、颌骨和面骨的发育,大脑中枢也有更多时间完成神经反射,释放多巴胺,产生更多开心快乐的情绪。

和孩子一起,慢慢品尝一道佳肴的美味,享受一段细嚼慢咽的美好时光,生活的味道亦是如此。

禁忌单

虽然幼儿教育工作一直在发展,但直到今天,仍有很多人对幼儿教育工作不了解、不理解,认为这就是一份照顾孩子吃喝拉撒睡、带着孩子随便玩玩的工作,没有什么门槛。正所谓外行看热闹,内行看门道,我一直认为,幼儿教育工作是为生命奠基的工作。面对着一个个刚刚脱离父母怀抱的孩子,我们照顾他们的生活起居,保障他们的人身安全,培养他们的生活能力,发展他们的精神品格,是一件再神圣不过的事,值得我用一辈子去坚守。

从教几十年里,不管是作为一线教师和孩子们朝夕相处,还是作为园长统领幼儿园的教育保育工作,我一直坚持以"爱护孩子"为前提开展工作,让孩子在幼儿园温暖的家园里健康成长。陪伴孩子谁都可以做到,但要把这件事情做好,除了具备专业的素养,更重要的是要真心爱护每一个孩子,要了解每一个个体身心发展的特殊性,观察他们每一次哭笑嬉闹背后隐藏的不同生理和心理需求,用爱养育,用心教育。

我们幼儿园的每周食谱上,永远有一项特殊的忌口备注栏——"蛋/蒸肉糕""饭:虾仁、鸡蛋不放""鱼片/肉圆"……因为免疫系统的不完善和环境条件、喂养方式的变化,现在过敏体质的儿童越来越多,海鲜、鸡蛋、牛奶、花粉、霉菌……导致孩子过敏的过敏源五花八门,稍有不慎就会"中招"。

幼儿的体质和生长发育水平不尽相同,为了照顾幼儿个体差异性,切实给予特殊体质幼儿特殊的照顾,我们幼儿园的每个班级都有一张专属的饮食禁忌单。入园前,幼儿园会给每位家长发放一张表格,详细了解孩子的体质和饮食禁忌情况,老师整理后形成汇总表上报。在日常的保教工作中,老师也会根据孩子的身体状况实时更新禁忌单,哪些孩子的肠胃不舒服,饮食要清淡;哪些孩子正在服药,需要阶段性忌口,一目了然。

基于每个班级的禁忌单，食堂在制作食谱时会为有过敏史或忌口的特殊幼儿提供“特别加餐”。如果当天的主菜是鱼片，就为对鱼过敏的孩子另外制作肉圆；如果当天的主食是扬州炒饭，考虑到有对鸡蛋过敏的孩子，一定会再炒一锅不放鸡蛋的饭；吃馄饨的那一天，食堂也会单独制作没有虾仁的馄饨，给那些不能吃虾仁的孩子食用……小小的禁忌单，关键时候派上了大用场。

世界著名质量管理专家爱德华兹·戴明说，质量无须惊人之举。我非常认同他的质量管理理念。我们常说细节决定成败，幼儿园的管理也是如此，需要在每一个细微之处下功夫，紧抓日常保教工作中的细小环节，形成像禁忌单这样有特色的细节管理文化。我很骄傲的是，每年的家长满意度问卷调查中，花朵幼儿园的满意率都保持在98.9％以上，远远超过其他同类幼儿园，这也是家长对我们工作的最大肯定。

双超率

拥有良好的身体、强健的体质是幼儿身心健康的重要标志之一，是其他领域学习与发展的基础。因此，对幼儿进行健康管理也成为幼儿园卫生保健工作的重要内容。

在健康发展方面，《3—6岁儿童学习与发展指南》（以下简称《指南》）对幼儿体态发育指标做了明确规定，其中身高、体重是最重要的参考数据。我管理的三所幼儿园为每个儿童都建立了健康档案，除了落实儿童入园体检查验、儿童全日健康观察工作，每三个月一次还动态监测儿童生长发育各项指标情况，以便及时对孩子的饮食结构和饮食习惯进行科学调整，这其中最重要的参考指标就是儿童身高、体重的超均值、双超人数及率值。

在动态监测的过程中，我们发现，如今越来越多的孩子挑食、偏食，这也导致儿童身高、体重发育双超率在新生入园时达到40％以上，同时，肥胖儿童越来越多。儿童肥胖不仅会增加儿童高血脂、高血压、糖尿病等心脑血管系统疾病的患病风险，还会影响激素分泌和骨骼健康，影响正常生长发育，因此及时的干预控制非常重要。

肥胖源于能量摄入的超标，儿童肥胖基本上都是因为吃得太多。很多肥胖和有肥胖倾向的孩子都有饮食不规律和暴饮暴食的问题。孩子的食欲不是顿顿都很好，有时不饿，不想吃也是正常现象。但有些家长担心孩子吃得少会饿着，就会在饭后给孩子补充各种零食，慢慢地，孩子就养成了不规律进餐和乱吃零食的坏习惯。对于肥胖严重的孩子和监测中发现的有肥胖倾向的孩子，我们会进行定向的个案跟踪，通过饮食控制和增加运动量等方式进行干预。我们的保育员会特别关注这些孩子，在进餐过程中合理控制他们的进食量和进食速度，先喝汤再吃东西，饭不能添太多，吃的时候要细嚼慢咽，鼓励他们多吃粗粮和蔬菜。

除了饮食干预，运动干预也很重要，通过增加活动量以增加热量的消耗，也是预防和控制肥胖的一项重要措施。在每天的做操和户外活动时间，我们的保育老师会有意识地引导肥胖的孩子做一些活动量大的运动项目，比如跑、跳、拍球等，也会给他们更多的展示机会，比如带操、运动示范等，提高他们对于运动的积极性。对肥胖的儿童来说，运动的安全性也很重要，老师们会密切关注他们的活动情况、情绪变化、精神状态，一旦孩子出汗过多或者有疲累的状态，就会提醒孩子及时休息，逐渐减少运动量。

不仅如此，幼儿园还制订了家园联合干预方案，针对不同孩子的不同情况，帮助家长找出孩子出现肥胖问题的家庭原因。家长根据幼儿园的做法，积极配合，逐渐改变孩子的饮食种类、习惯。家园配合以达到干预、控制儿童肥胖的目的。比如通过家园配合，指导家长在家注意幼儿的均衡饮食，同时鼓励家长带着幼儿进行各项体育活动，如跳绳、跑步等。在幼儿园中，我们也时刻关注着这些儿童。在园用餐时遵循定时定量的原则，提醒幼儿细嚼慢咽。在园时，通过多上下楼梯，鼓励幼儿多参加体育活动，以此来增加幼儿的运动量。通过一段时间的实行，老师再跟家长沟通，根据幼儿的情况调整干预方案，直至幼儿能够有效地控制肥胖。

体弱的、双不达标的幼儿亦是如此。通过合理的干预，进行个案跟踪，鼓励幼儿每天多吃一口饭，逐渐纠正挑食、偏食习惯，重视午睡管理和幼儿的运动等，家园配合，最终让幼儿能够增强体质，拥有健康的体魄。经过努力，我园的双超率65%以上，肥胖率控制在标准以下。

幼儿健康管理是一项精细的工程，除了肥胖，龋齿、近视等健康问题也是我们每一个幼教人应重视、研究和干预的重要问题。我们的保健医生和老师们用自己的专业行动，呵护每一个幼儿的健康。正如冰心所说："世界上没有一朵鲜花不美丽，没有一个孩子不可爱。"我们面对的是一朵朵刚刚长出的稚嫩的花苞，那样纯真、那样美好，我总怕呵护得不够，让他们受到哪怕一丁点儿伤害。幼儿的保育与教育一样重要，可以说，保育是良好教育的基础，没有了好的保育工作，再好的教育都是空谈。只有孩子们有了健康的体魄，才能健健康康地成长。保育工作是需要我们认真且细致对待的，可以说，保育工作为幼儿一生的发展打下坚实的基础。

小便颜色是白的

幼儿园收到了兜兜妈妈的感谢信，她对幼儿园和老师对孩子的精心照顾表示感谢。原来，兜兜妈妈对孩子的教育问题一直很重视，慕名来到花朵幼儿园就读。兜兜的自理能力不是很强，入园后家长一直不大放心。"我连续观察了两周，宝宝回家后的小便都是白色的，说明宝宝在学校喝了足够多的水，也说明老师真的给了宝宝无微不至的关心和照顾，这让我们非常感动。"兜兜妈妈在感谢信中说道。这样一封感谢信，让我既高兴，又不安——高兴的是我们的专业和付出得到了家长的认可；不安的是家长连孩子小便颜色这样的细微之处也会关注，这让我们更感到身上责任之大。

兜兜的小便是白色的，那是不是每个孩子的小便都是白色的呢？老师们都关注到每一个孩子的喝水情况了吗？作为管理者，我开始思考起来。

花朵幼儿园提供的是恒温纯净水，便于孩子们能随时喝上健康的温开水。老师要求孩子们在园要喝不少于5杯的水，除了集体喝水、喝牛奶时间，也鼓励孩子们在不影响正常集体教学活动时多喝水，但孩子们的天真可爱就在这个时候显现出来——有个小班的老师发现，班上有个小男孩，每天早上一到班级，就站在饮水机前不停地喝水。一开始老师以为他是口渴了，了解之后，才明白他是为了早早完成老师要求的喝满5杯水的“任务”。孩子的可爱让我们忍俊不禁，但这也引起了老师的反思。为此，我们在幼儿园开展了喝水主题教育活动，结合幼儿的认知特点，逐步引导他们学会自我管理。

在集体活动中，老师们一方面通过讲故事、播放视频等形式，让幼儿了解喝水的重要性，同时对幼儿提出每天喝水的定量要求以及向幼儿介绍大概多少水才算一杯水。另一方面，我们引导幼儿调节自己的喝水时间，让他们明白，嘴巴渴了才喝水，水要在不同时间喝完，不能为了喝水而胀坏小肚子。倡导有了，怎么让孩子们落实喝水这件事呢？在班级的饮水区域，我们也做了精心设计。“给花儿浇浇水”“让小鱼吐泡泡”……每个班级都充分发挥创意，开展了形式多样的喝水积点活动，让幼儿自己来管理。每次饮水一杯后，孩子们就能得到一枚贴纸，贴在自己的积点区域，这样一来，大家喝水的积极性就大大提高了。

很快，别的问题又来了。幼儿是很容易彼此效仿的，有一个小朋友喝水，其他小朋友也会跟风挤到饮水区去喝，不仅拥挤，还有安全隐患。于是，我们在每个班级的饮水区内贴了四双小脚印，要求小朋友沿着地上的脚印有序排队喝水。这样即使是集体喝水时间，饮水区也是井然有序的，孩子们喝水的效率也大大提高。

喝水看似简单，培养孩子自觉喝水、合理喝水的习惯却并不简单。著名教育家陶行知先生说，一日生活即教育。幼儿的学习是以直接经验为基础，在游戏和日常生活中进行的，幼儿在园的一日生活都是宝贵的学习时间，蕴含着丰富的教育契机。就像喝水这个问题，看似是件小事，其实是照料孩子们日常生活的大事。水是人体维持生命不可缺少的物质，是人体体液的主要成分。年龄越小，体液占人体体重的比例越大，幼儿身体中的水分约占其体重的80％。水又是新陈代谢不可缺少的物质，部分代谢物只有溶解在水中才能排出体外。所以，培养幼儿养成喝水的好习惯就成为一个很关键的问题。培养幼儿从小养成喝水的良好习惯，能保证幼儿学习和游戏的正常开展，有效帮助幼儿成长，提升幼儿的身体素质。

作为老师，要充分关注到幼儿一日生活中的“小事”。只有做好了这一件件的“小事”，才能更好地照顾到幼儿生活的方方面面。作为老师，我们还要充分理解幼儿的学习方式和特点，珍视日常生活中的各种教育机会，创设丰富的教育环境，最大限度地满足幼儿通过直接感知、实际操作和亲身体验获取经验的需要。

长胡子了

《指南》明确提出，要帮助幼儿养成良好的生活与卫生习惯，提高自我保护能力，形成使其终身受益的生活能力和文明生活方式。3 岁开始，成年人要指导幼儿学习和掌握生活自理的基本方法，比如穿脱衣服和鞋袜、洗手洗脸、擦鼻涕、擦屁股等。让孩子们在自己做事的过程中感受乐趣，他们小小的自信心也从中开始萌芽，这将是孩子一生的财富。

放手让孩子去做，是我一以贯之的教育理念。在花朵幼儿园，孩子们洗脸的毛巾每天都会用蒸汽蒸，起到杀菌消毒的作用。另外，孩子们活动了一上午，吃完饭后，用热乎乎的毛巾擦擦脸、擦擦手，也能起到很好的放松效果，午睡也踏实很多。可是，小朋友的皮肤娇嫩，冬天擦完脸，皮肤容易皴，一定要涂上一层护肤乳来保护小脸蛋。所以，一到冬天，我们就会让家长给小朋友们准备好“香香”带到幼儿园，在教室里指定的位置摆放好，洗完脸后，小朋友们各自找自己的“香香”搽。在这个过程中，小朋友们既学会了保护自己，又锻炼了生活自理能力，还增强了个人物品的归属意识，可以说是一种很好的学习方式。

一次午餐后，我到班级查看孩子们睡觉的准备情况。一个小男孩刚好搽完“香香”，看到我，他兴奋地扑上来喊“园长妈妈”。我轻轻地摸了摸他的脸蛋，这一摸发现了问题。原来小男孩搽“香香”只做“面子工程”，草草挖一点就往脸上随便一抹，下巴底下皴了都不知道，摸上去粗粗糙糙的，老师和家长显然也没有注意到。“哇，你长胡子了，这个地方也要涂‘香香’！”我对小男孩说。听到自己长胡子了，小男孩先是一愣，小手往下巴上一摸，随即反应过来，一边嘀咕着“我长胡子啦”，一边又跑回去重新搽“香香”了。

这件事又给了我很大的触动。当我们通过一些方式训练孩子的生活自理能力时，是不是陷入了一种只放不收的误区？在鼓励孩子自己动手的同时，老师也应该充分考虑到孩子们生活经验的不足、认知能力和理解能力的局限，在一日生活中做个有心人，将孩子们放进眼里，放进心里，在各个环节中随时观察孩子们的表现，并随时提供引导、帮助和支持，让孩子们在日积月累中逐渐茁壮成长。

在后来的每周国旗讲话中，我特意讲到了这个“长胡子”的故事，既是讲给小朋友们听，也是讲给老师们听。在我们相信孩子，放手让孩子去做的同时，更应该讲究方法。就像维果斯基的鹰架理论一样，在放手给予孩子操作空间的同时，也需要教师在一旁观察和分析，适时给予幼儿“支架”，才能让幼儿做到“够一够，够到苹果”，不管是生活上还是学习中都是如此。就像成尚荣老师说的：“教育世界里有一门学问最重要又最不完备，那就是儿童研究。”儿童既是教育的对象，更是教育的主体，既是教育的出发点，又是教育的旨归。认识儿童，发现问题，促进儿童发展，真是一项一辈子的事业。

检查肚脐眼

进入幼儿园，小朋友会经历各种各样的检查。花朵幼儿园有一项很特别的检查——检查小朋友的肚脐眼藏好了没。

幼儿的肠胃很娇嫩，抵抗力也比较差，尤其在冬天，肚子受凉不仅会导致呕吐、拉肚子，还很容易出现感冒发烧等情况。因此，老师会提要求——小便完一定要把上衣塞在裤子里，把肚脐眼藏起来，保护小肚子不着凉。小班的幼儿还不具备这样的自理能力，一定要在老师的帮助下完成；大班和中班的幼儿经过在幼儿园一段时间的适应和学习，已经具备自己穿脱衣服和鞋袜的能力，就要学会自己塞衣服。

照顾自己本身就是锻炼生活能力的一个重要部分，再加上保健医生随时都会检查，老师们也很重视，各个班级都开展了丰富的穿衣练习活动，训练小朋友自己穿衣服、塞衣服，互相检查。但是保健医生在检查时发现，小班有一个班级经常出现问题。据我了解，那个班级的带班老师虽然年轻，却很认真负责。这肯定不是她马虎大意，那问题出在哪里呢？经过沟通，原来问题是出在时间安排上。

幼儿园上午活动和课程安排比较多，时间很紧凑。户外活动结束进到教室后，会有一个小朋友集体上厕所的时间，大概 15 分钟。上完厕所后，小朋友们就要在教室里开展区域活动。我在这个班级观察了一上午，发现老师能很游刃有余地处理其他问题，但是到了集体上厕所给小朋友塞衣服的时候，她显得有些手忙脚乱。花朵幼儿园的班额不算大，但一个班也有二三十个小朋友，一个一个塞完衣服，10 分钟也来不及，更不要算小朋友上厕所、排队的时间。为了赶接下来区域活动的时间，老师和保育员只能手忙脚乱地帮孩子塞一下衣服，那些调皮捣蛋的“冒失鬼”就很容易成为“漏网之鱼”。

面对检查的结果，老师也很委屈，明明已经恨不得争分夺秒了，却还是做不好。我没有急着批评老师，而是问她：“区域活动是老师集中活动，还是小朋友自主活动呢?”老师告诉我，集体上完厕所后的区域活动，是小朋友自主性区域活动，大家自己在教室里选择喜欢的区域，自主玩耍。“那为什么不在区域活动巡视时，再帮小朋友把衣服塞塞好呢?”听了我的话，这名老师恍然大悟。

管理是科学，也是艺术。新老师保育经验不足，组织管理能力有待提高；作为管理者，在发现问题时，不能一味地指责和批评，而应该用自己的专业知识帮助新老师发现、解决工作中遇到的实际问题，用自己的爱心和责任心影响新老师、感染新老师，加快他们成长的步伐，使幼儿园未来发展的主力军队伍越来越强大。

“不能动”的星星

星星大概是我职业生涯中印象最深的一个学生，他患有先天性心脏病和严重哮喘。在托班第一次见到他的时候，他整个人瘦得像小猫一样，皮肤虚白，看上去就是病恹恹的。大夏天，别的小朋友穿着短裤短袖还满头大汗，他却长袖长裤捂得严严实实。每次来园，他都少不了带两个瓶子，一个是奶瓶，一个是中药瓶。

因为身体原因，上托班的时候，星星经常请假。为数不多的来园时间，星星妈妈也会反复叮嘱我，不能让星星参加体育活动，也不能给他脱衣服。慢慢到了小班，星星的身体比在托班时好了很多，也很少请假了，只是依然还是班里那个“不能动”的孩子。每次其他小朋友在操场上活动、玩游戏的时候，星星就眼巴巴地看着，眼里流露出的渴望让我心疼。

真的不能让星星动一动吗？我请教了保健医生，她给出了一些专业意见，我又特别留心观察了星星的身体状况。一段时间下来，我做了一个大胆的决定：不告诉星星妈妈，让星星动一动。我先尝试着让星星做一些缓慢的运动，比如拍球、投篮。活动一会儿，星星出了汗，就帮他脱掉衣服；观察到他稍微有些累了，就赶紧给他穿上衣服，让他休息。整个活动时间，我的眼睛都一刻不离地盯着星星，生怕出现什么状况。让我高兴的是，一个礼拜下来，星星没有出现任何状况，精神状态反而越来越好。

当我把这件事告诉星星妈妈时，她既意外又感动，没想到老师为了孩子愿意付出这么多，也没想到孩子给了自己这么大的惊喜。就这样，星星妈妈信任地把星星交给了我，星星成了“能动”的孩子，虽然他还是不能和其他小朋友一样放肆地蹦跳打闹，但在操场上，他快乐的身影不再缺席。

到了中班、大班，星星的活动量逐渐增加，身体越来越好，而我也成了他最爱黏着的“孟妈妈”，什么事都喜欢跟我分享。毕业那天，这个在幼儿园从没有哭过的男孩，抱着我的肩膀小声啜泣，我也红了眼眶。后来，星星上了小学、中学、大学，遇到任何问题，星星妈妈还是会打电话给我，让我做星星的思想工作，因为他肯听“孟妈妈”的话。直到现在，我和星星还是保持着联系。

工作三十多年，我就认准了教书育人这一件事，它给予我的自我价值感和自我满足感是其他任何事情都无法替代的。星星的这个事例，我也常常讲给我们的老师听、家长听。我们需要相信孩子，在条件允许的情况下，尽可能地给予他充分锻炼的机会。孩子就像一朵小花一样，如果一直在温室中，那它永远也长不高、长不大；只有拼命地吸收阳光和雨露，才能长成一朵娇艳欲滴的鲜花。

每一朵花成长的过程都让我惊喜，就像每一个孩子一样。孩子们那么小，那么稚嫩，那么纯净美好。看着一张张天真烂漫的笑脸，我总有一种义无反顾地想要呵护他们、保护他们的感觉，也正是这种感觉鞭策着我、激励着我，让我一直坚守岗位，一直提升自我。我常常跟新老师们讲，幼教工作是一份良心活，更是一项为生命幸福奠基的神圣事业，孩子们的幸福成长，就是我们一生最大的荣耀。

听，哆咯哆咯的声音

午睡时间结束了，小朋友们都在老师和保育员阿姨的帮助下，陆陆续续开始自己穿衣服、穿鞋子、扎头发、到厕所小便，只有丁丁还待在自己的小床上一动不动，小被子捂得严严实实，看上去有些难为情的样子。我走过去，把手伸进被子里一摸，果然他又尿床了。

丁丁尿床一直是个老大难问题，刚进幼儿园的时候，丁丁奶奶就告诉老师，丁丁小便短，在家经常尿床，为此她还特意准备了两条裤子放在幼儿园，以备不时之需。了解到这种情况，每次午睡前，老师都会让丁丁先去厕所小便一下。可经常出现的状况是，丁丁前面刚小便完，不一会儿又尿床了。老师也困惑了，这到底是怎么回事呢？

我翻看了丁丁在幼儿园的学习、生活记录情况，发现平时上课、活动时，丁丁小便的间隔时间并不短，但从没有发生过尿裤子的情况，为什么一到午睡就容易尿床呢？丁丁平时性格内向，不爱说话，也对尿床这件事很难为情，不能让他太紧张，我便让老师午睡前悄悄跟丁丁到厕所，观察他是不是真的小便了。果然，丁丁只是跟老师打了个“马虎眼”，到厕所转了一圈，并没有真的小便。问题的症结找到了，我立即和带班老师、保育员沟通，让他们在午睡前陪着丁丁一起去小便，并且告诉他，一定要发出“哆咯哆咯”的声音（小便尿到马桶上的声音），才是真的小便了。就这样，在老师的帮助下，丁丁尿床的老大难问题得到了解决。

幼儿的肾功能发育不完善，膀胱贮尿机能差，加上尿道比较短，还不能完全控制自主小便，加上进入幼儿园，对新环境还不适应，尿床、尿裤子是正常现象。作为老师，首先应该安抚孩子的情绪，让孩子不要过分紧张焦虑，更不能伤害孩子的自尊心和自信心。其次要观察了解孩子尿床、尿裤子的真正原因，是玩得过于投入忘记上厕所，还是想上厕所却因为害羞、胆子小没有跟老师讲，再根据不同的原因“对症下药”。除了统一安排的上厕所时间，老师也应该引导孩子在有尿意时及时报告，自己主动去厕所，养成自主排尿的良好习惯。当然，如果孩子是经常性地尿床、尿裤子，则要及时跟家长沟通，排除生理性原因。

幼儿的发展是一个持续、渐进的过程，同时也表现出一定的阶段性特征。每个幼儿在沿着相似进程发展的过程中，各自的发展速度和到达某一水平的时间不完全相同。作为幼教工作者，要充分理解和尊重幼儿发展进程中的个别差异，支持和引导他们从原有水平向更高水平发展，切忌用一把“尺子”衡量所有幼儿。

我的小毯子

刚进托班的时候，萱萱简直是整个幼儿园“最靓丽的风景线”。每天，她一定要抱着一条上面有卡通图案的小毯子到幼儿园，不管是在教室里还是到户外活动，她走到哪儿，就把小毯子抱到哪儿，谁要是动一下她的小毯子，萱萱就会大哭大闹。

萱萱妈妈告诉老师，这条小毯子是萱萱从小盖到大的，每次睡觉的时候，她都要把这条毯子放在身边，揉着搓着才肯入睡。到了托班这个陌生的新环境，萱萱对这条毯子的“迷恋”更加一发不可收拾，不肯洗，也不肯拿下来。我注意到，因为一直被拖来拖去，小毯子的边缘已经被磨得破破烂烂，毯子也被弄得脏兮兮的，既不卫生，也影响萱萱在学校的正常活动，一直这样下去可不行。

我和萱萱的爸爸妈妈就这个问题沟通了多次，最后达成一致，为了减轻入园初期孩子的分离焦虑和不适应，允许萱萱暂时带着小毯子来幼儿园，但要慢慢帮她“戒掉”。怎么“戒掉”呢？我让萱萱爸妈趁她睡觉不注意的时候，把小毯子裁掉一半，体积小了，萱萱拿起来也更方便点，在幼儿园也不会显得太突兀。看萱萱没有特别激烈的反应，过段时间，把小毯子再一裁为二，每块只比一张手帕大一点，既方便携带，也方便换洗。再后来，保育员阿姨用小毯子“手帕”为萱萱缝制了一个小包包，让她背在身上。就这样，萱萱的小毯子越来越小，她对小毯子的依赖也越来越少，小包包也只是放在小床上，睡觉的时候才摸摸。

孩子有恋物情结是一个很普遍的现象，这往往源于孩子内心的不安全感，或者小时候的习惯没有及时纠正。当孩子从家庭进入幼儿园陌生的环境中，内心的不安全感会加剧，一个曾经陪伴过他（她）的、形影不离的“好朋友”会带给他（她）很大的心理慰藉。所以，很多孩子在入园后，对安抚物的依赖性会加重。

很多家长和老师会认为恋物情结不好，要强制给孩子戒掉，但我觉得这样显得过于残忍。小孩子的内心是很脆弱的，特别是在从家庭人向社会人转变过渡的这个阶段，本身就面临着巨大的心理冲击。如果这个时候我们将他（她）和安抚物品强制分开，很有可能给他们造成更大的心理创伤，加剧他们内心的不安全感，起到适得其反的效果。

作为幼教工作者，我们要靠专业和规则来教育孩子，有时候也要基于孩子的具体状况灵活调整。从“完全依恋”到“完全独立”，孩子需要一个从时间和空间上逐渐适应的过程，而我们，只需要一点点理解、包容和耐心。

我也要老师抱抱

9 月开学啦，小班又迎来了一批崭新的面孔，教室里又响起了“儿重唱”。这个小朋友哭着喊着要找妈妈；那个小朋友像小跟屁虫一样跟在老师身边，碎碎念着要回家；这边保育员阿姨忙着为一个尿裤子的小朋友换衣服；那边老师一个转头的工夫，两个小朋友为了一个玩具争了起来……教室里哭的吵的，好不热闹。老师和保育员一会儿抱抱这个，一会儿哄哄那个，也是分身乏术。

在一堆有点“不受控制”的小朋友里，小雅显得格外安静懂事，一个人在角落里静静地玩着玩具。和班上其他小朋友不一样，小雅已经在幼儿园上过一年的亲子班，度过了分离焦虑的阶段，也已经很适应幼儿园的集体生活。小雅能主动喝水，自己小便，和身边的小朋友分享玩具，有时还凑过去哄哄正在哭闹的其他小朋友，一点也不让老师操心。

可是这样的情况持续了没几天，小雅突然变了。她开始不愿意上幼儿园，每天早上妈妈送她到幼儿园的路上，她都要哭闹半天，一直到教室里还拉着妈妈的手不肯放，哭着喊着要回家。好不容易让妈妈脱身，老师和保育员阿姨也要抱着哄上半天，她才能平静下来。难道是在幼儿园发生了什么不愉快？可是这段时间小雅表现一直很好，并没有被老师批评过，也没有和其他小朋友发生过冲突，她这是怎么了？通过和老师交谈，我发现这类“懂事”“乖巧”的孩子往往会被大家忽略，看到老师和阿姨们都在关注哭闹的孩子，我让老师也多抱一抱小雅，安慰她一下。虽然她很“懂事”，但是她也是第一次上小班，她也需要大人的关心和照顾。果然，在老师的怀抱中，小雅变得平静，慢慢开始真正接受上幼儿园了。

上幼儿园是孩子心理成长上的一个里程碑，从和家人形影不离的小人儿变成和老师同学朝夕相处的大孩子，很多孩子在这一阶段都有明显的分离焦虑。一般来说，对于分离焦虑表现严重、哭闹厉害的孩子，老师肯定会关注得更多。但是不哭闹的孩子并不是没有分离焦虑，也有可能是因为紧张、害怕而掩饰、控制了自己的情绪。一旦孩子的紧张、害怕积累到一定程度，他就会爆发，就会出现平静一阵子，但过了几天又哭了，甚至不愿意来幼儿园的情况。

小雅虽然已经上过一年的亲子班，适应了幼儿园的集体生活，但同伴换了，老师也换了，没有了熟悉的人和物，她小小的内心其实也在经历巨大的波动。但是她表面的安静懂事，让老师忽略了她内心的不安全感，导致了她情绪的爆发。

3—6岁儿童的认知、思维和情绪等都有了积极发展，但由于皮层下中枢活动依然占优势，他们在觉察到环境的巨大变化或面临应激情景时，仍会出现明显的应激反应，调节情绪的认知策略还不完善。作为幼教老师，应该把自己放在孩子的角度去看问题，体谅孩子，在孩子刚进入幼儿园的分离焦虑阶段，全面关注每一个孩子情绪的变化，懂得孩子情绪表现背后的心理诉求，及时给予关爱和鼓励。有时候，老师的一个拥抱，就是孩子最大的安全感，也是滋养他们心灵成长的重要基石。儿童的自由生长，也是根植于温暖的、互动的、理解的土壤，其中最为重要的便是建立与孩子的良好心理关系。

侧着睡好吗

午睡时间是孩子们一天中最为安静的时间，也是安全隐患最不容易被发现的时候。担任园长后，我一直坚持着午睡巡视的习惯，到各个班级看看孩子们午睡的情况和值班老师的看护情况，观察有无异常情况，防止发生意外。

这天，我来到一个班级，值班老师正在哄两个闹腾的小朋友睡觉，其他小朋友都乖乖地躺在床上，睡得正香。我摸摸几个小朋友的额头，给他们塞了塞被子。突然我发现有一个小男孩身体笔挺地躺在床上，一动不动，两只眼睛拼命闭着，看上去很紧张的样子，明显是没有睡着又怕被老师发现。我想拍拍他让他入睡，谁知手刚碰到他，他的身体就在小被子里紧张地抖起来。

我的心揪了一下，如果老师一直关注不到，这么小的孩子，这样紧张地“装睡”一个中午，该多难受啊。于是，我柔声问他：“宝贝，你困不困，想睡觉吗？”小男孩的眼睛动了动，轻轻点了点头。我又问：“那你侧着睡好不好？”小男孩还是紧闭着眼睛。我轻轻地帮他翻了个身，让他换成了侧睡的姿势，小小的身体明显放松放软了。我轻轻拍拍他的背，不到 5 分钟，他就慢慢睡着了。在这一周的全园会议上，我特别讲到了这个小男孩，跟老师们强调观察的重要性。

意大利著名幼儿教育专家蒙台梭利说，作为一名教育工作者，应该有一双敏锐的眼睛。对幼教工作来说，这句话更加具有深刻的意义。想要成为一名优秀的幼教老师，需要具备很多最基本的专业能力。在这其中，观察能力是最为重要的能力，也是幼教工作的第一要务。低龄段幼儿还不能很好地用语言表达自己的需求，细心的观察就成为幼教工作的基础。

所谓观察，观的是幼儿的外在表现、情绪、行为，察的是这些表现和行为背后的心理动机、兴趣和需要。不仅仅是学习活动中，在幼儿日常生活、游戏活动中的点点滴滴，都蕴含着大量的信息，需要老师仔细观察、认真聆听，捕捉孩子内心最真实的声音。没有观察，我们就无法理解孩子，就没有有效的互动，也就没有真正的活动。只有通过观察，我们才能了解孩子的发展水平、行为特点、兴趣倾向和学习风格，才能在此基础上因材施教地制订活动方案，开展教学等活动。

观察也是幼教老师提升专业水平的有效途径。教师需要敏锐地观察每个幼儿的表现，了解幼儿内心需求，倾听幼儿个性化的表达，并提供适时适切、个性化的支持，真正做到既有效关注全面，又能细致关注个体。在日常教育教学工作中，幼教老师应该做到细心细心再细心，把所学的理论知识和教学实践相结合，将观察到的孩子的点滴表现和专业知识对接，及时判断孩子需要什么帮助，及时为幼儿提供帮助和支持，有效呵护他们的身心健康成长。

在我看来——

诗人常把“家”比作“爱的港湾”，因为“家”让人安心，给予人们的是内心的安定、温暖和舒适。当幼儿园像家一样温暖时，幼儿也会更安心。没有爱就没有教育，关爱幼儿正是师德的灵魂。教育心理学的研究也表明，只有当儿童和老师拥有良好的关系，并且处在让他感觉安全、友好、可信赖的环境中时，他才有可能去游戏、探索和学习，积累有益的经验。相反，儿童在紧张、焦虑或恐慌的状态下，真正意义上的学习是很难发生的。所以，成人才需要带着感情，时时事事站在孩子的角度去想一想，凡事多请教孩子，多鼓励他们表述，多听听他们的想法和见解，这样才能更好地呵护每一个孩子更好地成长。

我们的呵护能滋养孩子的情感、精神和心灵，更在一定意义上满足了他生命自然成长和自由发展的需要，留给他一段难忘的、幸福快乐的时光。

第四章　世上没有两片花瓣是相同的(理解孩子)

多蹲下来听孩子说话,你看到的将是一个纯真无瑕的世界!

——阮庚梅

著名教育家马卡连柯说:“世界上没有一模一样的孩子,每个孩子都有他的个性。要重视个别教育,特别是幼儿的个别差异和因人施教。”儿童是有个体差异的,有的孩子性格活泼、开朗,而有的孩子内敛、文静;有的孩子语言表达能力强,对阅读、文字等有兴趣、有天赋,而有的孩子不爱讲话,对阅读提不起兴趣;有的孩子适应性强,喜欢交际,而有的孩子交际圈较小,局限于自己的小圈子,不太爱和同伴交往……因此对于幼儿教师来说,在尊重的基础上要学会“理解孩子”,从而更好地伴着孩子成长。什么叫理解孩子?有人说,小孩子懂什么?应该老师教什么就是什么,家长说什么就是什么。其实,这样的想法是错误的。我的教育经验告诉我,学前儿童的成长是一个了不起的过程,理解孩子的年龄特点和认知发展规律,理解每个孩子都有不同的性格和气质,理解孩子的不同发展需求,是每一个老师和家长都应该牢记于心的教育观念。老师和家长对幼儿的理解和尊重将会对他们的成长起到意义非凡的作用。

我们可能已经不太记得自己6岁以前的学习和生活经历了,但是成长的每一个过程都对我们的未来有着深远的影响,这就是为什么世界上会有这么多教育家去研究幼儿的成长历程。其实幼儿和我们成年人一样,有自己的想法,有自己的见解,有自己的需求,他们同样需要我们的认可、理解和支持。我一直这样告诉我们的幼儿教师,幼儿是有个体差异的。每一个幼儿来自不同的家庭,每个家庭有不同的家庭文化、氛围以及经济物质等差异。每一对家庭中的父母也不一样,每对父母有不同的受教育背景、教育理念与教养方式。由于环境、教育和遗传因素,每个幼儿在个性发展中会呈现出各不相同的状态。幼儿的发展是一个持续、渐进的过程,同时也表现出一定的阶段性特征,每个幼儿在沿着相似的进程发展的过程中会有个别差异。因为幼儿年龄不一,身心各方面发展都会与同伴存在差异,幼儿年龄越小,这种差异会越明显。比如带过小班的老师都知道,9月出生的孩子和隔年8月之前出生的孩子都在一个班级,两者刚进班的时候年龄相差近一岁。一般来说,月龄大的孩子比月龄小的孩子能力强好多,但这种差异,尤其是生活能力,随着幼儿年龄的增长,往往会变得不那么明显,甚至随着练习日益熟练,这种差异会消失。

在多年的教育生涯中,在和孩子们朝夕相处的过程中,我愈发体会到因材施教的重要性。只有尊重幼儿在发展水平、能力、经验、学习方式等方面的个体差异,教育才能得心应手,才能使每一个幼儿都快乐地成长。我始终坚信,每一个孩子都是不一样的,所以每一个蓝本也不是为某个幼儿园量身定做的。《指南》也指出,每个儿童都存在自己的速度和方式上的差异,尽管这种"速度和方式"的差异并不反应其水平的高低。理解儿童就是为了更好地去对孩子进行教育,为此,我们要正确理解儿童发展与教育的关系。基于理解儿童的理念,在我园的课程建设中,我们为孩子创造成长的环境,提供丰富的材料,通过适宜的课程,更好地发掘每一个幼儿的潜力。理解幼儿,促进幼儿在原有基础上获得发展,让内向的孩子变得更主动,让浮躁的孩子变得更沉稳,让粗心的孩子变得更细致,让胆小的孩子变得更自信。我们从最初"按照一个蓝本(教材)"实施课程,到绞尽脑汁,挖掘可利用的资源对《生活化游戏化幼儿园课程》中的活动方案进行改造,到开展生成性课程建设。在这个过程之中,有困惑、质疑、争论,但是我们并没有退缩。我们立足园情,用大局观面对不断变化的外部和内部环境,专注教育教学实践,这使得苏州幼师附幼建构了具有园本特色的"花朵课程"。我主导研究的"花朵课程"于 2013 年和 2017 年获得了江苏省基础教学成果一等奖。

从学前教育鲜明的儿童中心主义立场出发,教师应尽力理解儿童。教师对儿童的理解是师幼互动的基础,决定着师幼互动的质量,进而决定了幼儿园的教育质量。有一首很著名的诗《儿童的一百种语言》:"儿童/是由一百种组成的/儿童有/一百种语言/一百双手/一百个念头/一百种思考、游戏、谈话的方式……"这是瑞吉欧课程创始人、意大利教育家马拉古奇所写的。诗中说:"还有一百种倾听、惊奇和爱的方式/有一百种欢乐,去歌唱,去理解/一百个世界,去探索,去发现/一百个世界,去发明/一百个世界,去梦想……"马拉古奇在这首诗的第三部分强调,他讲的这个"一百"是指多、非常多,"这一百是一百个一百的一百"。儿童,就像一个丰富的矿藏一样,你永远发现不了他全部的奥秘。

每个幼儿都是一个天使,每个幼儿也是独一无二的个体。就像世界上飞翔着无数的蝴蝶,但不会有翅膀的图案和颜色完全一样的两只蝴蝶;就像天上飘浮着无数云朵,也不会有一模一样的两朵白云。每一个幼儿的性格、心智,包括健康程度、发育程度都不相同,所以相同的教育经验未必适合每一名幼儿。每个幼儿都有各自的特点,因此,我们要以幼儿的特点为基础,从幼儿的兴趣与需求出发,充分了解幼儿的想法,根据幼儿的个体差异对其进行有效的教育。同时,人有局限性,教师无法做到对儿童的完全理解,这意味着教师理解儿童是一个只有起点而无终点的过程,需要教师克服懈怠,在理解儿童的道路上持续努力。

我的教育故事——

不要小便的琪琪

琪琪是一个漂亮的小姑娘，皮肤白皙，待人也很有礼貌，就是有一点腼腆，有一点内向，每次看到老师的时候，她不好意思打招呼。托班老师和琪琪的爸爸妈妈还告诉我，琪琪是一个很爱干净、自理能力很强的孩子。可是，小班生活开始后没多久，琪琪的妈妈就来找我，说琪琪在托班几乎没有尿过裤子，现在几乎天天尿湿裤子，有时候甚至一天会尿湿两次，问她，她也不肯说，再问，就是红着眼眶，一脸的委屈。琪琪怎么了？孩子的父母非常焦急。

我翻看了琪琪在托班的学习、生活记录，发现琪琪虽然是一个小月龄的孩子，但是她在托班第二天就学会了自己如厕，并且整个学期仅有一次尿裤子的经历。我又去询问琪琪的小班班主任老师，老师告诉我，进入小班后，琪琪很快就适应了新校园的生活，头两个月，她虽然还是很腼腆，不会主动和小朋友玩耍，但是她在幼儿园过得很自如，特别是生活自理能力方面，从来不让老师、家长操心。老师回忆说，有一天，阿姨告诉她，琪琪尿湿裤子了。刚开始的时候，她也没有太在意，因为偶尔的尿裤子对于小班的孩子来说是很正常的。但慢慢地，琪琪尿湿裤子的频率越来越高，而老师问她原因，她却不肯说。

我们认真观察孩子后发现，琪琪不是不会上厕所，她是不爱上厕所，甚至为了能不上厕所，她还尽量地少喝或者不喝水。琪琪不爱小便是因为害怕、紧张吗？我们试图找出琪琪不爱小便的原因。

我们让琪琪的爸爸妈妈在家中情景演绎在幼儿园内小便的场景，家长发现琪琪其实是不想自己一个人上厕所，孩子觉得有点害怕。家长问她怕什么，孩子又形容不出来。我知道这个讯息后，立即和带班老师、保育阿姨沟通，让她们在边上陪着琪琪一起去小便。进入幼儿园小班，我们为了训练幼儿的胯部肌肉，所以将厕所全部改用蹲厕位，我让带班老师和保育阿姨观察琪琪在蹲厕时是否存在如厕困难，可孩子表现得很好。只要有老师、阿姨陪着，琪琪上厕所就没有问题。显然，孩子不是不会上厕所。我们就继续跟孩子聊，后来终于发现，琪琪不爱小便的原因是有一次她看到有小朋友如厕时一只脚不慎滑入过蹲坑，小朋友惊慌失措的表情让她感到害怕，从此也留下了心理阴影。由于紧张和害怕，琪琪宁可尿在身上，也不愿意上厕所。原因找到了，对症下药就简单了。在带班老师和保育员的帮助下，琪琪很快克服了这个心理障碍。现在，琪琪变成了一个爱喝水、愿意小便的快乐宝宝。

“你真的懂孩子吗？”这是我常问我们老师的一句话。孩子因为他特定的年龄阶段，再加上不愿意或者不知道怎么跟大人沟通表达，生活中一些成人眼中的“小事”，在孩子这里往往会变成他无法解决的“大事”。如果这时候家长和老师没有及时发现问题，与孩子沟通解决，孩子很可能会产生心理偏差，进而演化为心理问题。一般来说，3—8岁，也就是幼儿期，孩子出现心理问题的概率很大。这里我们所说的儿童心理问题，并不是指儿童长期存在的心理障碍，而是儿童可能会因为发生的“问题”“困难”而存在一些心理和行为上的偏差，比如说多动倾向、焦虑倾向、依赖倾向等。有研究表明，约有50％的儿童在幼儿期出现过这样那样的心理问题，但是只要我们及时发现、及时疏导，绝大部分幼儿都能够平稳地度过这个阶段。就像琪琪一样，她因为看到其他小朋友如厕时一只脚不慎滑入蹲坑而对小便产生心理障碍，家长和老师耐心地与琪琪沟通，最终找到了她害怕蹲坑的症结，解开了她的心结。

像琪琪这样的事例还有很多，我们要蹲下身、沉下心来和孩子一起用爱心、童心去看这个世界。面对每一朵待放的小花蕾，我们有义务和责任去理解、尊重他们，认真倾听每一个孩子的内心需求。因为每一个孩子都不同，每一个孩子都有不同的需要。我们的老师应该理解不同孩子在不同成长过程的各种不同需求，当班级内出现个别特殊情况的孩子，更应该多关注他们。只要帮助他们迈过了这个坎，孩子和老师的心就会贴得更近。作为老师，只有真正地理解孩子，理解他们的需求，理解他们的行为，才能帮助他们健康快乐地成长。

吃饭慢的笑笑

笑笑是一个不爱吃饭的孩子。

进幼儿园时，爸爸妈妈就跟老师“吐槽”：孩子不爱吃饭，挑食，而且吃饭很慢，一口饭盘在嘴里能吃上半天。爸爸妈妈希望在老师的帮助下，在其他小朋友的影响下，笑笑吃饭慢的情况在幼儿园会有所改变。用餐时间到了，老师和阿姨发现，笑笑真得很不爱吃饭，因为不爱吃饭，所以她吃得很慢。饭菜在碗里，只要没有老师和阿姨看着，笑笑就不会动勺子一下。阿姨喂一口，她才勉为其难地张嘴吃一口。令人哭笑不得的是，即便是喂进嘴巴里的饭，她也要隔很久才咀嚼一下，饭菜一直都含在嘴里。常常是其他小朋友都吃完饭去游戏了，笑笑的饭才吃了没几口。

对于笑笑吃饭慢的问题，家长和老师也想过很多办法。在家里，奶奶说，曾试着让她饿着，想着等到她饿了，总是要喊着吃的。可笑笑从来都不会喊饿。一顿不喊，两顿不喊，这可急坏了老人。用奶奶的话说，吃饭只能喂，至少喂了还能吃几口，要不然，真把孩子饿出病来可怎么办。在幼儿园里，老师和阿姨盯着她，一口口喂给她吃，这总可以了吧。可结果是，因为老师和阿姨长时间盯着，笑笑嘴里含饭太多，出现了吃着吃着就呕吐的情况。家长和老师都束手无策，这可怎么办呢？我跟老师和家长说，先观察一段时间，大家都不要喂饭，让笑笑自主吃，能吃多少就吃多少，不要强迫她，让她从一口饭开始，每天加一口饭，十天不就是十口饭了嘛。

吃饭是生理需要，孩子不吃饭，如果不是身体的问题，那肯定是有原因的。慢慢地，我就发现，虽然笑笑的咀嚼能力比同龄的孩子差一点，但这并不是她吃饭慢的主要原因，问题还是出在零食上。虽然我们不允许孩子把零食带进幼儿园，但笑笑的小书包里还是经常会藏着糖果、饼干这些小零食，孩子好像也特别喜欢吃糖。我就和家长说，孩子不爱吃饭有可能是乳糖和零食吃多了。家长说，因为孩子吃饭慢，又不肯吃，很担心她会饿坏了，所以就会给她备一些小零食在书包里。我告诉他们，这其实就是恶性循环——她不吃饭，因为饿了可以吃零食，零食吃饱了以后，就更不要吃饭了。我问家长："回家后笑笑是不是也总是拼命吃零食?"家长的回答是肯定的。我就关照家长，一定要控制笑笑的零食和糖分的摄入量。

因为零食被"断供"了，渐渐地，笑笑吃饭慢的问题也得到了解决。笑笑从一口饭要含在嘴里两分钟后才会下肚，到改掉了含饭在口的习惯；从需要老师和家长喂饭，到自己自主拿着勺子吃饭。我们还会有意识地让笑笑和吃饭习惯好的孩子在一起吃饭，有了榜样的带动，再加上老师的引导、帮助，一个学期下来，笑笑已经能和其他孩子一样正常吃饭了。这样的进步让家长很是欣喜，每天都想要送笑笑到幼儿园，因为只要在幼儿园，笑笑吃饭就特别乖。

幼儿吃饭慢、挑食等是幼儿园老师经常碰到的问题。现代社会生活水平提高了，家长对孩子的饮食也越来越关注。但是因为零食的变多，爷爷奶奶的"宠溺"，追着宝贝们喂饭等不良的饮食习惯，导致孩子们吃饭的问题变得尤为突出。每每遇到吃饭的问题，家长们都如临大敌。要想解决幼儿吃饭慢等问题，我觉得还是要"软硬兼施"，当然这个"硬"还是要在"软"的基础上。每一个孩子的发育情况不同，尤其是咀嚼功能发育有快慢，要观察和理解每个孩子的成长差异，对症下药。在孩子吃饭慢和不爱吃饭这件事上，我还是主张让孩子自主吃，要看到他们的进步，并且鼓励他们，让他们消除吃饭过程中的障碍或问题。作为老师，要更有耐心地去观察孩子，客观地审视和反思自己的工作，及时调整教育策略，真正从每一个孩子的角度出发，去关注孩子的成长。

不爱举手的小青蛙

"我们家孩子到底怎么啦？不会是智力有问题吧?"面对眼前焦虑的青蛙妈妈，我轻轻地拍一拍她的肩膀，让她不要着急。

小青蛙是个特别活泼、开朗的孩子。爸爸妈妈觉得他在幼儿园肯定是一个爱举手回答老师问题的好宝宝。因为给儿子取小名叫"小青蛙"，就是因为他从小一直是一个叽里呱啦说个不停、说话特别溜的宝宝。用青蛙妈妈的话说，别家的孩子还在牙牙学语时，小青蛙已经能背《唐诗三百首》了。

可是，上了小班一个学期，老师对小青蛙的评语却是“上课不爱回答问题，从来没举过手”。看到评语的青蛙爸妈惊呆了，“老师说的真的是我的儿子？”“孩子智力有问题吗？为什么不举手？”“是不是孩子在幼儿园遇到了什么不开心的事，才会不爱回答问题？”……带着一肚子的疑问和焦虑，小青蛙的妈妈来到幼儿园，专门找我询问。

我向带班老师和保育阿姨询问小青蛙的情况，她们都向我反映，除了不爱回答问题外，孩子各方面都发展得很好，个性也十分开朗。青蛙妈妈就更闹不明白了。我告诉她，孩子不愿意举手回答问题的原因很多，一般来说，要么确实不会回答，还有就是会回答，却没胆量和自信。针对不同的情况，采取的措施也是不同的。对于确实不会回答的孩子，我们应该帮助孩子增长见识，开拓眼界；至于没胆量的孩子，就需要下点功夫了，我们要在生活中创造机会，鼓励他们回答问题。如果成人能在情感上满足孩子的安全感需要，那么孩子的主动性就会增加。主动性强的孩子通常都很有自信，胆量自然不差的，所以安全感的满足是很重要的，而安全感是生活里方方面面都会涉及到的，所以家长要在生活中给予孩子足够的安全感。

我告诉小青蛙的妈妈，从小青蛙的日常表现看，其实孩子上课不举手不代表什么。我索性就拿我自己的事情来举例——我经常去参加各种研讨会，研讨会上总有互相交流的环节，我认真地听别的专家交流，还做了笔记，但是并没有参与到互动交流中去。这个事情能说明我没有参与这次经验分享吗？这能说明我没有从这次研讨会上学到东西吗？当然不是。每个孩子都有自己的表达方式，我认为，对于3—6岁的幼儿来说，课堂上不举手回答问题不代表他不知道，不代表他不聪明。我们不能单纯地用孩了在课堂上是否举手发言来判断孩子是否认真听课、智力是否有问题。

在这之后，老师和家长都对此事淡化了，也不再刻意地关注小青蛙上课举手的问题，而是在日常生活中更多地鼓励孩子去大胆尝试。小青蛙到了中班以后，自然而然就变成一个爱举手回答问题的宝宝了。

如果我们的教育只是停留在孩子上课愿意举手发言就是认真听讲，那这样的认识是不是太过局限、太过狭隘了呢？这是不是非此即彼，非黑即白？不是说上课发言就一定好，上课不发言就一定不好。孩子的语言有一百种，孩子的表达有一千种。我们为什么一定要用我们的标准去衡量孩子，这样做就是对的，这样做就是好的？其实，要反思的不是孩子，而是我们自己。如果孩子不愿意举手发言，那我们也可以在别的场景中创造别的机会去鼓励他们开口，在日常的学习、生活中，不断地告诉他们“你可以”“你能行”，以此来增强孩子的自信。

对于孩子不爱举手发言的问题，不光是在幼儿园，这个现象可能会伴随有些人的一生。这其实不是一个简单的语言问题，还关系到人的个性、情感的表达等。我一直跟老师强调，幼儿的语言能力是在交流和运用的过程中发展起来的，我们老师应为幼儿创设自由、宽松的语言交流环境，鼓励和支持幼儿与成人、同伴交流，让幼儿想说、敢说、喜欢说，并能得到积极的回应。幼儿正处于人生中的懵懂期，他们身体的各项指标也在飞速发展中。在进行学前教育时，我们的老师应该根据不同孩子的特点，积极采取一系列的活动来激发幼儿的兴趣，从而释放他们的想象力和创造力。

对于儿童，我们必须投入充足的情感，去感受、去理解，走入儿童的生命世界，才能真实地了解儿童，而不只是通过理性的逻辑分析去解读儿童。当我们领悟到“儿童”的意义后，就会把自己投身于儿童世界之中，爱其所爱，乐其所乐，和他一起快乐、哭泣、成长。

不爱打招呼的卷包

卷包是一个特别温柔的孩子，在家里喜欢和每一个熟悉的人打招呼。隔壁的王叔叔、楼下的李大妈，每次卷包看见了，都会叫人，声音甜甜的，真是一个“万人宠”。但是，在幼儿园里的卷包却是另外一个样子。老师反映说，早上进校门时，卷包不会和其他小朋友一样，主动和保健老师打招呼，进教室时也不会主动和老师打招呼。每次都是老师跟她打完招呼，她才会细声细语地说：“老师好。”

不仅如此，卷包在学校里说话声音非常小，而且不愿意主动和老师说话。得到了老师的反馈，妈妈觉得很奇怪，卷包在家明明是个人见人爱的小可爱啊，怎么到了学校就变了个人呢？回家后，妈妈和卷包说了好几次，告诉她：“你是一个懂礼貌的孩子，你要主动跟老师打招呼，老师才会更喜欢你”。卷包每次都是默默地点头答应，但是情况并未好转。妈妈担心卷包是不是有交流障碍，为此还和老师深入探讨了这个问题。

我让老师进一步观察卷包，经过一段时间后，我们发现，卷包其实并不是一个内向的孩子。相反，她不仅不内向，还十分开朗，而且情商很高，很有领导力。她和小朋友们相处得都很好，也有自己喜欢的老师、保育阿姨。她经常会在老师不注意的情况下和其他小朋友玩得过于开心，有几次，她还带着小朋友玩得离开了老师的视线范围。

我们找来家长，让她不用过分担心。我们都曾有过这样的经历，家长看见熟悉的朋友，喜欢拉着孩子喊人，以显示自己的孩子多么有礼貌，以表示对长辈的尊重。孩子小的时候可能很听话，可慢慢地，家长会发现，孩子越大越不爱喊人，也不愿意参与到大人的集体活动中来。其实，孩子并没有错啊，在孩子看来，那就是你们大人的人情关系啊，我又不认识，为什么要我参与进来？所以，不能仅凭孩子会不会主动跟人打招呼，就判断孩子是不是一个懂事、有礼貌的孩子。

我告诉家长，随着年龄的增长，孩子的大脑在 3 岁左右会有一个突飞猛进的发展过程。在这个过程中，孩子变得逐渐独立、有距离感，也就是我们常说的“会害羞”，所以，这是孩子长大的标志，千万不要责怪孩子。家长反而应该“庆幸”，卷包的情感发育很好，她已经知道了“内外有别”，知道了陌生和熟悉，她对陌生的大环境有了警惕感，对并不熟悉的人有了距离感,这不是坏事。

同时,3岁以后,孩子进入语言敏感期,但在这一时期,每一个孩子的发展过程并不相同,因为生活中的语境不同,孩子语言的发展能力也不同。要想让孩子在幼儿园主动开口说话,家长首先要做到让孩子持续去幼儿园,只要不生病,就要让孩子进园,尽快融入幼儿园生活。其次,家长不要用说教的方式去强迫孩子说话,可以用一些小小的激励方式,给予孩子爱的鼓励。另外,在日常生活中,家长也要多做榜样。

一般来说,等孩子进入中班后,情况就会好转。其实,面对卷包这样的情况,我们应该淡化它,不要太当一回事,孩子对一个环境完全熟悉以后,就会完全敞开心怀。从老师的角度来说,要改变孩子,就要多给予孩子一些尝试的机会,甚至是犯错的机会。孩子说错说对都应该给予赞美,让孩子享受到说话,特别是大声说话的愉悦感。

有点“小叛逆”的球球

球球是个大班的小朋友,他做事总是与众不同,经常有一些奇思妙想,让我们老师也有些措手不及。美术活动中,球球画了一幅又一幅,总是画得没完没了,不管老师怎么说,球球也不愿意停,一定要画过瘾才行;区域游戏时,大家都在玩娃娃家,球球却喜欢跑到教室外面去玩骑自行车……面对球球,老师总是要分外注意,就怕球球一不小心就“越界”了。比如,球球有时候画画会画到墙上、桌子上去,唱歌会唱到别的小朋友哭。老师跟球球的爸爸妈妈反映过这个问题,球球爸爸妈妈说,球球要是想干一件事,非要干到不想干为止,根本就劝不住。

对于球球的问题,虽然带班的老师觉得有点头疼,但我倒是觉得不是什么大问题。我经常跟我们的老师说,在组织幼儿活动时,要注重孩子的创造性。如果球球喜欢做这件事,就让他去做,尽量做到让球球尽兴,尽兴了他也就满足了。但往往我们的老师为了照顾大多数幼儿,会忽视个别孩子的个人兴趣。一次、两次后,球球就会表现得更加不守“规矩”。因为他的需求一次次被拒绝,他当然要表达自己的不满。

在和老师聊过以后,老师开始改变对球球的教育方式。当然,这里面也是有一些方法的。比如画画,既然球球喜欢画,老师就鼓励他画下去,表扬他画得好,同时也引导他参加别的活动。老师会和他说:“唱歌也很有趣,你看,小伙伴们玩得多开心,你要不要和大家一起?”如果球球表示拒绝,老师也不会强迫他一定要听自己的话。慢慢地,球球也就不再“叛逆”了。

孩子的发展需要在个体发展的过程中随时会表现出来,一般来说,孩子突然热衷的行为,往往是符合该年龄段孩子发展水平的新的需要,所以我们要善于发现幼儿感兴趣的事物和偶发事件中所隐含的教育价值,把握时机,积极引导。

《纲要》中明确指出:“幼儿园教育应尊重幼儿的人格和权利,尊重幼儿身心发展的规律和学习特点，以游戏为基本活动，保教并重，关注个别差异，促进每个幼儿富有个性的发展。”这为我们在幼儿园实施差异教学提供了法规依据和制度保障。在幼儿教育过程中，我们应尽最大努力，给孩子提供一个使他们得到满足的环境，让孩子在活动中得到快乐，让他们做每一件事都热情洋溢。

幼儿老师应关注并敏锐地察觉幼儿的不同需要，成为幼儿学习活动的支持者、合作者和引导者。我们要改变传统的教育方式，变“让幼儿完全按老师的意愿活动”为“跟着幼儿的兴趣去组织活动”。幼儿老师应努力理解幼儿的想法和感受，甚至顾及一些孩子的特殊需求。幼儿的生理和心理水平不如成年人，但他们的自我意识已经开始萌芽，他们也希望得到别人的尊重。如果老师和家长完全漠视孩子的需求，他们会变得更加敏感，更加“叛逆”。

爱发脾气的茜茜

正上着课，茜茜突然离开了座位，紧紧地抱住了老师。对于这个“突然袭击”，老师和同学们已习以为常。这个时候，老师不仅把课停下，还蹲下身来，和茜茜耳语了几句，随后又抱了抱茜茜，有几个孩子也聚了过来，挨个儿抱了抱茜茜。

故事还要从两年前，茜茜刚入园时说起。有一天中午，我突然在小班孩子们的午睡教室前听到了一声十分尖锐的叫喊声。虽然老师轻声安慰，但这个孩子一直在持续地叫喊，把其他正在午睡的孩子吓得不轻。带班的老师无奈之下，把她带出了午睡教室，可孩子还是没有停止哭闹的意思。

我询问了班主任这名孩子的情况。带班老师是个小年轻，并没有太多经验，面对这个孩子也十分“头大”。老师告诉我，这个孩子从开学第一天开始，就一直处在十分紧张的状态——班级同学进行集体活动的时候，她会大叫，午睡的时候也会大哭，但又不是身体原因，老师们也是束手无策。

我拉着孩子的小手，神情严肃地把她带回了午睡房。可能因为我不是她熟悉的老师，孩子停止了哭闹，也乖乖地上了小床。这个时候，我就坐在她的床边，有节奏地拍着她的后背。迷迷糊糊之间，孩子突然伸出了她的小手，我就慢慢地握住了，并用大拇指轻轻地按摩她的手心，另一只手还是轻轻地拍她的后背。没想到，孩子渐渐地睡去了，但她一直没有松开我的手。我下意识地觉得，这个孩子可能是缺乏安全感。我叫来了带班的两位老师和保育阿姨，让她们分头去了解孩子的情况。

我很快就掌握了孩子的情况。茜茜的父母因为感情问题离婚了，她基本上是跟着爷爷奶奶一起生活。每两周，茜茜的母亲就会把她接到新家去住几天。从孩子的内心来讲，她是十分渴望和母亲在一起的，可回到家，爷爷奶奶就会说一些“奇怪”的话，说她的妈妈不要她了，这让她觉得很害怕。

渴望被爱、被关注,通过大叫来引起同学和老师的注意,对于一个小班的孩子来说,可能是最简单、最直接的方式。在了解到这些情况后,我们先是找来了孩子的爷爷奶奶。父母分开,有很多原因,但不管怎么样,还是要给孩子正面的引导,让孩子明白,父母虽然不在一起了,但对她的爱不会减少,爷爷奶奶也十分配合。在学校里,老师并没有对茜茜大喊大叫的行为给予批评,只是告诉她,如果你觉得心里难受,或者想大叫的时候,可以来到老师身边,抱抱老师,也可以让老师抱抱你。老师也积极地引导其他孩子去关注茜茜,让他们明白自己的付出是能帮助到茜茜的。

如今,茜茜已经升入大班,很快就要进入小学了。经过这近三年的努力,这个孩子的行为已经不再有什么偏差。我们看到的是,孩子一天天地开朗起来。其实,孩子做出这样或那样让成人觉得不正常、不正确的行为,她的背后都是有原因的。如果老师只是简单粗暴地去对待处理,其实是没有用的。老师还是要蹲下身来,读懂孩子的心灵,进行心与心的对话,这样才能改变孩子。

在我看来,教育最重要的,并不是教授孩子知识,而是让孩子拥有爱与被爱的能力。我们首先要学会接受,懂得感恩,然后要愿意付出,心存温暖。我特别欣赏奥地利心理学家阿德勒的一句话:“幸福的人用童年治愈一生,不幸的人用一生治愈童年。”我们幼儿教育,就是要从心出发,学会读懂孩子传递给我们的第一个信号,让他们拥有一个幸福的童年。

上课爱开小差的萌萌

如果父母很优秀,那是不是孩子就一定要同样优秀?虽然我们家长嘴上不认可,可心里总归希望自己的孩子能比自己更强。萌萌的爸爸妈妈在学生时代都是品学兼优的学生代表,他们觉得萌萌也应该是上课认真听讲的好孩子。然而,萌萌进入小班后却让爸爸妈妈“大跌眼镜”。

老师告诉萌萌的爸爸妈妈,孩子在课堂上的表现总是不尽如人意:“萌萌今天上课不停地讲话。”“萌萌老喜欢和旁边的小伙伴讲话。”“昨天因为萌萌上课开小差,我和她谈话了,她回家有没有跟你们说呀?”……老师反映的诸如此类的情况,让萌萌的父母很是担心。

萌萌在幼儿园到底是什么情况呢?老师说,每次老师上课时,萌萌都喜欢选最后排的位置,不管老师在前面讲故事还是教童谣,萌萌都是听两句就开始和旁边的小朋友讲话,聊得特别忘我,有时候连老师发出什么指令,萌萌都听不见。这当然也影响了其他小朋友的听课效率。没有办法,老师为了让萌萌能够认真听课,每次上课,都有意地让萌萌坐在自己身边,她这才乖一点。不过,虽然萌萌上课不爱听讲,可不管是老师讲的故事,还是教的童谣,回家后,萌萌都能一字不错地表演一番。家长也问萌萌,为什么上课不能好好听老师讲课，孩子就只说，和小伙伴们聊天，她觉得更有意思。家长很担心，怕孩子这种情况是多动症。

萌萌在小班有这样的表现，我认为是很正常的。每个孩子在课堂上的表现不尽相同，他们的家长不同，家长的教育方式不同，性格也自然不同——有的温顺得像小绵羊，有的像猴子一样活泼。因为孩子在学校不专心听课，家长便怀疑自己的孩子是多动症，其实是多虑了。

幼儿园的上课时间并不长，如果孩子的注意力确实不能集中，我首先会跟我们的老师探讨是否是因为老师的上课方式没能吸引孩子的注意力，孩子没有兴趣，自然就不会专心听讲。在进一步沟通后，我们就发现，萌萌并不是每一节课都会和小伙伴们说话，当老师讲到一些她感兴趣的话题时，她也会自然而然地投入，而且比其他小朋友还要认真。萌萌也告诉我，有一些老师在幼儿园里教的知识，她在家里的时候，爸爸妈妈已经教过她了，她早就知道了，所以她上课才不愿意听。

除了孩子对上课的内容不感兴趣，我们也不能排除这样的情况——有的孩子看似在玩别的，其实小耳朵一直竖着，在认真听老师讲课呢。面对注意力不集中的孩子，家长或者老师首先要为孩子排除一切可能影响他注意力集中的东西，家长和老师也可以利用一些小技巧来培养孩子的注意力。幼儿园的孩子需要各方面的知识，但是年龄小的孩子，特别是小班的孩子，养成好的学习习惯比掌握知识更重要。家长不要只关心孩子在学校里学了多少知识，而更应该注重激发孩子浓厚的学习兴趣和培养他们良好的学习习惯。孩子有了良好的学习习惯，才能真正学会学习。培养孩子良好的学习习惯，帮助孩子集中注意力，要着眼于孩子喜欢的东西，和他们一起游戏，从而调动孩子学习的兴趣，使他们的注意时间逐渐加长。有的时候，当我们的孩子出现这样或者那样的问题时，家长，甚至是老师，都会去寻找一些“外因”，但其实，只要回归到教育这件事本身，从孩子的角度和立场出发，多给孩子一些时间，多一点耐心，那自然就能找到解决问题的方法。

一定要穿公主裙的秋秋

最近，秋秋的妈妈跟老师“吐槽”，秋秋越来越“臭美”了。秋秋以前就喜欢买各种裙子，自从买了第一条公主裙后，现在都喜欢特别厚重的公主裙，去幼儿园都要求穿公主裙，不然不愿意去幼儿园，每天早上为这事要在家里折腾好久。秋秋妈妈也不知道用什么方法，才能让秋秋不穿着厚厚的公主裙去幼儿园。

不光是秋秋的妈妈，其实，老师也发现了秋秋的这个特殊的爱好。有一段时间，秋秋总是穿公主裙上学，大概也是受了动画片中人物的影响——《冰雪奇缘》刚好在热映。对于女孩子们的公主梦，老师表示能够理解。可是，孩子在幼儿园内，大部分时间都是游戏时间，为了孩子活动方便和安全，其实老师是希望孩子们穿偏运动风格的服装进园。但是秋秋每次都是小皮鞋、公主裙，和小伙伴们一起活动时非常不方便。要是有小朋友在玩耍时弄脏了秋秋的公主裙，秋秋还会哭闹、生气。

儿童对美有自己独特的理解。与成人相比，他们在欣赏一件事物时，往往注重外表，为表面的形态、色彩所吸引、打动，而不能触及到事物深邃的本质，因此儿童的美感在成人看来容易流于肤浅。这也是幼儿自身的生理和心理特点所决定的，儿童在审美的过程中，一般是瞬时审美多于连续审美，简单审美多于复杂审美。也就是说，儿童常常根据一瞬间的直觉来判断事物的美丑，因而审美时就缺少一定的深度和广度，多半只能简单地感受事物的外在形式美，而不能深入地感受事物的内在属性美。这就使得他们对美的理解显得多变而不稳定，而且呈现出极其丰富的多样性。父母掌握了儿童审美的这个特点，就应该尊重儿童对美的价值观念，要善于从他们的实际出发，因势利导地对孩子进行审美教育。

事实上，我们也遇到过不少这样的案例，有些孩子会对某件事有一定的执念。除了像秋秋这样"不让穿公主裙，就不去幼儿园"的情况，还有的孩子对某种颜色特别偏爱，曾经有个女宝宝特别钟爱粉色，所有的衣服都要求是粉色的，除了粉色一概不穿。

面对这种情况，我们在尊重孩子审美的同时，要慢慢引导孩子朝一个既安全又美观的穿搭习惯转变。要让他们知道，不仅仅是穿公主裙好看，别的穿搭也很好看；在不同场合，应该有怎样更合适的穿搭方式。我们可以用形象生动的方法，提高孩子感受美的能力，但不能强迫他们迁就成人的美学价值观念；我们可以帮助孩子逐步养成健康的审美情趣，但不能急于求成，用简单粗暴的做法去抹煞、否定孩子对美的独特追求。

在秋秋的心中，穿公主裙可以让她更自信，让她更有安全感。我们要引导幼儿看到自己的长处和优点，为其创造能够充分表现自己和体验不同情感的勇气，从而树立信心，自信地面对自己，努力追求进步。秋秋爱穿公主裙上幼儿园，我们要尊重她，同时鼓励她尝试其他穿着，然后对她进行肯定和鼓励。慢慢地，秋秋就会爱上穿运动装上学，从而进一步增强她的自信心。

大千世界，丰富多彩。美的多样化存在，必定使不同的人的审美情趣表现出极大的区别。如果说成人之间由于出身经历、文化教养、兴趣爱好不同，在审美心理上存在千差万别的话，那么成人与儿童之间由于年龄悬殊而造成的审美情趣的差异，就更不能强求一律了。丰富多彩的美才造就了我们多元变化的世界，才使得世界变得那么精彩！

想要回外婆家住的鹏鹏

一次午后，我与往常一样，在大课间的时候随意走进了一个小班与孩子们聊天。这个时候，我看到鹏鹏一个人在角落里玩"娃娃家"，显得有点孤单，与其他孩子在一起玩要的热闹场景形成了鲜明的对比，我就走过去跟他聊天。“你在干吗呀？”我问他。鹏鹏抬起头看了我一眼，但手里的动作没有停，他小声地回答我：“孟老师，我在洗衣服，你听见洗衣机轰隆轰隆的声音了吗？”“我听见了。”我暗自开心，觉得这个孩子的游戏假想情节水平发展得真是不错。鹏鹏继续着手上的游戏，可有那么一瞬间，我觉得，孩子眼神里划过的东西似乎并不是“快乐”。

事后，我找来了小班的班主任，主动将观察到的现象告诉班主任。可班主任一听，却给出了不一样的信息。她说，鹏鹏是班上年龄最小的一个，各方面发展一般，在班里的表现也不太突出，甚至有些不太合群。老师又补充道：“孩子最近有点反常，一直嚷着要到外婆家去，问了他好几次，也不说为什么……”

几天后，我正好在幼儿园门口碰到了来接孩子的外婆。我就和外婆聊了起来，我说：“孩子在游戏中能联系假想，很会玩游戏，发展得很好。平时在家，大人是不是也有意识地会引导孩子一起玩游戏什么的？”外婆说，鹏鹏的爸妈工作都很忙，特别是妈妈，每天白天上班忙，只能晚上洗衣服，估计孩子听多了，所以也喜欢玩洗衣机了吧。我听后便询问外婆：“您是否也是晚上洗衣服？”外婆告诉我，她都是早上洗衣服的。这时，职业的敏感提醒我：“为什么孩子喜欢玩洗衣机却还坚持要到外婆家去呢？”“为什么不在自己家里玩洗衣机呢？”……

我带着问题，又多次和鹏鹏聊天。通过一次次交谈，在孩子给出的零碎信息中，我终于了解了整个事情的原委。原来，孩子的妈妈每天晚上都洗衣服，鹏鹏只能一个人睡在床上。闭上眼睛，在黑暗中，有时候甚至在梦里，他都能听到洗衣机传来轰隆轰隆的声音。他觉得洗衣机是个“大怪物”，一到晚上妈妈要洗衣服时，他就会很害怕。他不愿意睡在自己家，一个劲地要在外婆家睡……

儿童是一个复杂的个体，理解儿童也是一件复杂的事情，不是一次两次就能做到的，需要我们不断地走近儿童，只有走近，才有机会走进孩子内心。发现鹏鹏内心真实的想法和要去外婆家的缘由后，我们很快和鹏鹏妈妈进行了沟通。鹏鹏妈妈也很吃惊，她说，鹏鹏也说过几次晚上一个人睡觉害怕的事，她以为是小孩子撒娇，没当一回事，没想到竟然是这么回事。在彻底了解事情的原委之后，我们建议家长在家中也对自己的生活习惯进行调整，同时也调整鹏鹏在家的生活状态。虽然父母工作很忙，但晚上到家，还是应该多多地陪伴孩子，讲一些睡前故事。同时，也给孩子一个好的睡眠环境。渐渐地，鹏鹏不再嚷嚷着要去外婆家了，也更愿意和小伙伴们一起玩耍了。

鹏鹏的故事其实给我好好地上了一课。我们觉得自己是大人，了解孩子，能读懂孩子。但其实，孩子的内心远比我们想象的要复杂。还有，我们不能以成人的表达去要求孩子，不能以成人思维模式去理解孩子。这让我想起陶行知老先生说过的一句话：“人人都说小孩小，小孩人小心不小，你若以为小孩小，你比小孩还要小。”

我们走近儿童，应该是带着爱和微笑去和孩子交流。在这其中，观察是一个幼儿教师了解儿童的最基本的通道，也是指导孩子的基础。带着观察的眼光看孩子，就会发现孩子的每天都不一样。同时,师幼之间也应该是平等的对话主体,我们教师也正是在和孩子的不断对话中,自身的专业水平得以不断提高。花朵幼儿园的每位教师心中都铭刻着这样一句话:“向孩子学习,与孩子一起成长。”我一直这样告诫我们的老师,儿童是文化的存在,有精神世界,成人应该向儿童学习。同时,我们的幼儿教育要给予儿童发展的必要时间,尊重和珍视儿童当下的生活,以虔诚之心看待儿童身心发展尚未成熟的儿童期,给予儿童精心呵护,促进儿童发展。

于某种意义上而言,教师和幼儿处于同一起跑线上,面对同一个新世界,成人与儿童是平等探索的伙伴。教师如果在观察孩子、读懂孩子的过程中获得了来自家长的认可和信任,这是对一名教师的极大鼓励。

妈妈在美国的果果

小班的老师告诉我,班里有个叫果果的孩子,最近午睡的时候,经常从梦中惊醒,有的时候还会在梦里哭着叫妈妈。可醒过来,老师问她是不是想妈妈时,孩子又使劲地摇头,并不愿意流露自己的真实感情。

老师告诉我,果果的妈妈在美国攻读生物专业博士,每年只有很少的时间才能和他们父女团聚。这么小的孩子,怎么可能不想念自己的妈妈,但是孩子很懂事,她知道妈妈在美国有很重要的事要做,为了不让妈妈担心自己,平时就故意表现得特别坚强。老师们知道这个情况,所以对果果的关注自然也会更多一些,想淡化果果对妈妈的思念。可是,果果依旧还是闷闷不乐,而且话也越来越少,变得沉默、不太合群,情绪也常常不太稳定。

分离焦虑是在幼儿园的孩子身上最容易出现的一种情绪。因为从某种程度上来说,这是孩子第一次离开家庭,离开他熟悉的、感觉安全的环境,前往一个全新的、陌生的环境生活。而对于果果来说,她不仅要熟悉新的环境,每天还要思念妈妈。这对一个才5岁的孩子来说,是非常艰难的。我知道这个情况后,经常会进班级看看果果。我发现,小朋友们一起做游戏的时候,常常能看到果果一个人待在角落里,望着窗外发呆。我知道,孩子一定是想妈妈了。于是,我跟带班老师商量,在三八节的时候,为果果策划了一个“和妈妈对话”的活动。

我和果果的妈妈沟通后,决定在班级现场与她连线,让果果看看妈妈在美国做些什么。这些事情,事先都没有告诉果果。那天活动开始后,当果果看到视频中出现的妈妈时,眼睛一下子睁大了,眼里含着泪。果果妈妈在视频中给孩子们分享自己在美国求学、工作的场景,并且对果果说了很多贴心话。果果妈妈告诉果果,她非常想念果果,等学业一结束,她就会飞回到果果身边。那天的果果很开心,其他孩子看了也很感动,同时也受益匪浅。

那次活动过后，孩子们也都了解了果果的情况，会主动和果果一起游戏，果果也变得越来越开朗，再也不是那个上课上着上着就哭着要妈妈的小哭包了。

真正的成长就是一场渐行渐远的分离，每个孩子都将拥有属于自己的独立人生。作为父母和老师，我们要做的是在一次又一次分离中，给予孩子引导，给予孩子耐心，给予孩子真正的爱。让孩子在充满爱的环境中，逐渐化解心中的不安，让他们勇敢地去过属于自己的生活。

观察是一个幼儿教师了解儿童最基本的通道。通过果果这个案例，我们可以得出这样的教育总结：每个幼儿来自不同的家庭，他们会有不同的情感诉求，正是因为有这样的差异，幼儿教师就更要理解，幼儿是有不同需要的。在照料孩子时，我们往往会对幼儿的生理需求更加重视，让幼儿的生理需求得到满足。其实，孩子和大人一样，心理上也是需要照顾和满足的。只有心理上富足了，孩子才会有安全感和爱，才会真正快乐。在安全、稳定的环境中成长的孩子也会更好地对待分离焦虑，这对他今后一生的发展都是大有裨益的。心理上的富足会引起孩子行为的变化，在对人、对事上会更加地包容和接纳。对于有特殊需要的孩子，我们要主动亲近他们，让他们敞开心扉，排解心中的情绪，给予精心呵护，也只有这样，才能促进儿童发展。在照料孩子的同时，一定不能忘了照顾他的心理。

被寄养的小勇

我们的大班老师有一次在班级里给孩子们出了这样一道题目："如果爸爸妈妈要生弟弟妹妹了，你们喜欢吗？"我们想借此听听孩子们的想法。听到这个话题，孩子们很快展开了讨论，有的孩子拉着小伙伴交头接耳，有的孩子则低头默默思索着什么。

"谁愿意先来说说呢？"当老师再次提问时，孩子们一个个站了起来，开始发表自己的意见："我有弟弟，我不太喜欢他。""我家里有姐姐，挺好的。"……老师们了解到，很多家庭已经有二宝了，有的家庭有了"二宝"计划，还有的家庭则还没有打算。紧接着，我们让孩子们举手分别选择"喜欢有弟弟妹妹""不喜欢弟弟妹妹"两个队伍。很快，两个小队就分好了。

分组后，我们还想更进一步了解孩子的内心想法。"弟弟妹妹来了，爸爸妈妈就不喜欢我了。""弟弟妹妹很吵，我不喜欢。""我家里有哥哥姐姐，他们不喜欢我，我也不喜欢他们。"……在"不喜欢"这一组，我们听到了这样的声音。有的孩子害怕爸爸妈妈的爱被分割，所以拒绝弟弟妹妹的到来；有些二胎家庭中的二宝因为哥哥姐姐不喜欢他们，他们心里也很不舒坦。孩子们幼小的心里，有着很多的不如意。

"喜欢"组的孩子则普遍反映，他们的二胎家庭很和睦，很愉悦。他们中的很多人都认为："哥哥姐姐会带我玩，等于家里多了一个人爱我。"这样家庭中的父母就很善于经营二胎家庭,这对于孩子来说,是一种正向的体验。

父母要向孩子表达爱,传递信心,但不建议直接对孩子说"爸爸妈妈最喜欢你了"这样不真诚的保证。因为这种措辞本身就在进行比较,暗示父母的爱是分等级的,容易造成孩子的恐惧心理。合适的做法是告诉姐姐:"你和弟弟对爸爸妈妈来说都是很特别的,我们对你和对弟弟的爱是一样多的。"进而可以列举姐姐的可爱之处,让她知道自己"值得被爱"。重要的是,父母要在日常生活中真正做到"一碗水端平"。要知道,孩子更多的时候是凭感觉来判断的。

家长批评大孩子时,最好不要当着小孩子的面。大宝出现的较多的心理问题,主要是觉得失落,不被重视。对两个孩子情感的平衡,对孩子的成长至关重要,要根据孩子的个性去调节。另一点需要注意的是,如果大宝做得不妥,一定要单独和他谈,听听他的内心想法,主动去理解他,而不要当着二宝的面批评大宝,这样通常会让大宝更加难以接受并心存误解。

兄弟姐妹之间的竞争心理是与生俱来的,因为他(她)害怕父母对自己的爱被分割,甚至失去。尤其对于大宝来说,原来他(她)占据优势地位,享有父母百分百的关注和爱,但第二个孩子的降生从客观上改变了原有格局。敏感的他们感受到了威胁,于是产生了抗拒甚至逆反心理。

所以面对大宝,首先我认为,父母要充分理解他(她)内心的痛苦情绪,并引导他(她)用语言表达自己内心的想法。如果大一点的孩子说:"我讨厌弟弟(妹妹)。"大人就回应:"弟弟(妹妹)多可爱,你应该喜欢他(她)。"那她(他)就会感觉自己不被理解,进而产生逆反心理,更加讨厌弟弟(妹妹)。父母不妨耐心倾听,问他(她):"为什么讨厌弟弟(妹妹)?是不是担心爸爸妈妈会把对你的爱分给弟弟(妹妹)?"也可以说:"你讨厌弟弟(妹妹)是很正常的,因为你还不习惯家里多一个人。"总之,要理解大宝的情绪,让他的情绪宣泄出来,从而找到问题的解决之道。只有彼此都准备好了,二胎家庭才能迎来愉悦、幸福的时光。

我曾经遇到过这样一个家庭,因为爸爸妈妈平时工作繁忙,大宝小勇很小的时候就被寄养在姑姑家生活,平时父母只有晚上才会去看他一会儿,周末才会接他回家住。一开始,我们发现小勇成长得不错,很自律、乖巧。

转眼到了大班,父母把小勇接回了家。不过,家里很快就添了一个小妹妹。一家四口人一起生活,本该是幸福甜蜜的,小勇却一天比一天不快乐,在班里做游戏都闷闷不乐的。老师问小勇怎么了,小勇只摇摇头说没事。

我们找到了小勇的妈妈,希望跟她深入聊一聊。"大宝总想跟我一起睡,有一次说睡'脚跟头',我说不行,太挤了。"小勇妈妈这样告诉我,我听了,很不赞同。我告诉小勇妈妈,家长不应该这样对待大宝,难得孩子想要跟妈妈睡,甚至愿意睡"脚跟头",这是多么强烈的一种渴望啊!家长怎么能拒绝呢?我们应该拥抱着孩子说:"好的,我们一起睡,妈妈喜欢跟大宝和二宝一起睡。"即便床拥挤,父母也应该等大宝睡着了,再把他挪到小床上去。

在和小勇妈妈沟通后，她很快意识到了自己教育的缺失，表示会多一点关心给小勇，尝试着多抱抱大宝，尽量满足大宝对母爱的渴望。1个月后，小勇变了，他变得越来越开朗，每天都能迎着朝阳来到幼儿园，和老师、伙伴一起玩耍、学习。

每一个孩子都渴望被爱，尤其是有二宝的家庭，千万别忽略了大宝的内心感受。父母要多了解他们在想什么，消除他们的担心和害怕，用爱去化解他们内心的忧虑，让他们获得更多的安全感。同时，父母要切实帮助大宝转变角色，要让大宝加入到欢迎新生命的行列中来，让老大做些力所能及的事情。例如：可以让大宝一起去选购弟弟妹妹的小床、布置房间等。妈妈在分娩前后，有的父母会把大宝送到别处暂时住几天，这样做特别会伤害大宝的感受。这时最好把大宝留在身边，还要事先安排他（她）能做的事情。总之要让大宝成为一个提供帮助的欢迎者，而不是父母宠爱的争夺者。

每个孩子都是单独的生命个体，而不是父母的附属品，不能让孩子按照父母的想象去成长，每个孩子都应该有自己的主张，也有权利得到父母平等的对待和爱。家长要把教育的重点放在大宝的身上，而不是以保护小宝为优先。每当孩子因为吃的或者玩的发生争执，父母应该理性看待，不要看到小宝在哭泣，就一味责怪大宝，而应该让大宝说出自己的想法，甚至让大宝来分配玩具和食物。那么在这个过程当中，大宝自己就会知道“爸爸妈妈挺在乎我的感受的”，所以他们就会意识到：“这件事情是由我来决定的，我肯定也不能亏着弟弟（妹妹）。”这样的话，孩子就更容易成长。

被老师批评的梅梅

一直以来，幼小衔接问题都是我们所密切关注却一直没有得到很好解决的难题。在和大班老师的交流中，我经常听到这样的声音——孩子马上幼儿园毕业了，很多家长都特别焦虑，问这个要不要培训，那个要不要参加，尤其是大班毕业前3个月，家长给孩子带来的负面情绪非常大。

通过多年观察，我发现，幼小衔接的焦虑问题一般发生在小学开学前3个月，接着会影响到一个学期。因为在这个过程中，一年级孩子和家长都在进行一个角色转换，这个转换过程短则3个月，长则1年。做好幼小衔接工作对孩子一生的学习和生活可以产生积极的影响；若是衔接不当，则会对幼儿造成生理和心理的不良影响。从幼儿园工作的视角出发，我认为应该重点从幼小双向衔接、培养幼儿的社会适应性能力以及重视兴趣和情感入手，注重孩子的认知和情感发展，好好理解他们，不要给他们强加太多的期许，让他们自然过渡。

梅梅上小学一年级了，开学前不久，梅梅的幼儿园班主任收到了她的问候短信。“老师我上小学啦，我很开心，也祝你们开心。”看来梅梅的状态还是不错的。可是两周后，老师却收到了这样的反馈：梅梅在班级里被老师批评了，第二天她就不愿意去学校了，尤其不想上美术课了。原来，梅梅上完美术课后，老师布置了画画的作业，第二天需要上交。但是，梅梅在学校里认识了一个新同学，梅梅在完成作品后就把自己的画送给了新同学。没想到，因为这件事，梅梅被老师严厉地责备了。“我们幼儿园里就是可以分享自己的手工和玩具啊，这是表达感谢和祝福，为什么这里不一样？”梅梅很困惑。

没错，我们在幼儿园里提倡和谐友好，我们鼓励孩子互赠祝福和礼物，以表达对彼此的爱，这是完全没有错的。但是，进入小学以后，老师们将他们看成了大孩子，给他们上了太多的“枷锁”，孩子很容易受到挫折。其实，老师们大可不必这样严厉，一年级的学生还只是六七岁的孩子，他们的角色还没有完全转换过来。我们应该走近孩子，去理解他们的需要，耐心地等待他们成长，使幼小顺利过渡。

涛涛上幼儿园的时候，老师对他的评价一直是“一个遵守纪律的好孩子”。可是进入小学的第一天，涛涛就被老师认定为“一个不讲纪律的孩子”。原来，涛涛学校的上课铃声会响2次，第一次是上课预备铃，第二次是正式上课铃。涛涛一开始没听懂，在听到第一次上课预备铃时进入了教室，在第二次上课铃响时又走出了教室，导致老师进入教室时他还在外面玩耍。“一个铃声上课，一个铃声下课啊，为什么会有2次上课铃声呢？”涛涛对此很不解。爸爸妈妈给他解释了，他还是觉得很困惑。

对儿童的这种偏差行为，我们不妨静下心来听听他们内心在想些什么，耐心地帮助他们解惑，而不是一味地责怪他们。幼儿园有五大领域，而小学有各个学科；我们的幼儿园有“学习品质”，而小学有“核心素养”……它们之间究竟有何衔接基础和贯通机制，这对于普通的幼儿园教师、小学教师和家长来讲，无论是在理念分析和知识建构上，还是在教育设计和实践操作上，都具有相当大的难度和挑战性。

我始终认为，小学低年段学业评价应以形成性评价为主，而不是教条性地以成绩为主。我们应该细致地分析儿童学习中遇到的具体困难，也欣赏他们付出的点滴努力和取得的看似稚拙的成就。我们应该理解他们在幼小衔接角色转换中的难处，满足他们在新环境中的多种需要。唯有如此，儿童才能有一个相对舒适的空间，按照自己的步伐持续地克服困难，提升各方面的能力。

在我看来——

幼儿园不只是一个知识输出的场所，还应该是一个不断形成思想的地方。我们对儿童的理解越多，就越能够倾听到他们的声音，越是重视呈现他们的思想及思想的变化过程，他们也就越能成为主动学习、主动生活的学习者。幼儿的发展是一个持续不断的过程，我们无法从一个单独的活动中去衡量幼儿的实际发展水平，而是需要不断地在各类活动中反复地进行观察与记录，才能了解到幼儿的真实发展水平。

在与幼儿交往的过程中，我们也比较容易发现，部分教师习惯用成人的观念解读幼儿的言语，因为这些教师认为自身有比孩子丰富的社会阅历和人生经验，所以他们总是以无比自信的姿态出现在孩子们面前，习惯以成人的是非标准衡量一切。在幼儿面前，他们不屑倾听或不完全倾听孩子的声音，这是标准的以自我为中心，以成人之心度幼儿之思。在这种情况下，教师会产生某些对幼儿行为“失聪”的现象。人对人的理解本来就很不容易，加上年龄的差异，又受到潜意识里权力因素的制约，成人理解儿童比成人理解成人还要难。

梭罗在《瓦尔登湖》一书中曾写道：“如果一个人跟不上他的伙伴，那也许是因为他听到的是生命的另一种鼓点，遵循的是生活的另一种节拍。”作为老师，我们不仅是孩子们的支持者与引导者，更应该是他们的朋友与合作伙伴。我们需要蹲下身来，与孩子们一同平行地看这个世界，了解他们的所看、所想，体会他们简单的快乐。

第五章　迟桂花，更芬芳（关爱孩子）

每一朵花都有盛开的理由。

——佚名

教育公平是社会公平的重要内容，也是推动社会公平的重要动力。教育公平属于社会的、历史的范畴，在不同的国家和不同的历史时期有着不同的含义。它包含三个层次：确保人人都享有平等的受教育的权利；提供相对平等的受教育的机会和条件；教育成功机会和教育效果相对均等。

教育公平不是平分教育资源，不是“让所有的孩子接受一样的教育”。它是让每个孩子都有权利在适合自己的教育环境中，以适合自己的教育方式，接受适合自己的教育内容，并且都会被公平地对待。从宏观层面来说，这样的教育公平意味着放开办学资质，对不同背景的教育机构、教育形态、资源配置可以一视同仁，平等地对待每一个孩子，让他们享受平等的教育。在教育内容、教育形式，以及教育技术的开发应用上，将不同地区、不同人群的特殊性纳入考量。从微观层面来说，这意味着学校和教师应该用更为个性化的方式对待不同的孩子。以承认个体差异、发展的不平衡为前提，使差异成为资源，保障每一个孩子高品质的学习权，真正实现优质公平。

给予特殊孩子应有的“融合教育”，是我们尽最大努力做到的教育公平。

“融合之家”揭幕的那天，我们幼儿园迎来了一批特殊的毕业生。他们在讲台上侃侃而谈，说起自己在幼儿园度过的童年，说起自己那些美好、快乐的回忆。他们还兴奋地向我们讲述他们正在经历的大学生活，讲到动情处，他们落泪，说到激动时，他们鼓掌雀跃……

如果我不说，很多人都看不出，这些孩子其实是“听障儿童”。没错，在我们幼儿园的每个班级里，都有一株“迟桂花”，那就是听障儿童。自2003年起，我们与苏州市盲聋学校开始合作，进行学前听障儿童融合教育的实践研究。十多年的融合教育不仅使听障儿童的听力语言能力得到了提高，也让他们在人际交往、亲社会情感等方面得到了良好培养，有效地消除了他们与主流社会的隔阂，使他们能最大限度地融入健全人群，可持续发展的潜能得到良好发挥。

历经多年的研究，我们取得了一定成果。如在课题研究中，我们创设了学前听障儿童“双模块”融合教育课程，即“能满足在普通幼儿园中随班就读的听障儿童发展需求的融合课程”。融合课程包含听障儿童融入班级的教育课程与听障儿童康复训练课程，这两大课程相辅相成。借助生活游戏化幼儿园课程，我们在研究中开发生成了一系列适宜听障儿童发展的语训内容，并探索了多种适合听障儿童发展的游戏，开启了特殊儿童教育的征程。2013 年，我园“融合课程”获得了江苏省基础教学成果特等奖、国家教学成果二等奖。

在多年的特殊儿童融合教育过程中，我们探索更适宜的教育模式，发挥示范幼儿园的辐射、引领作用，推进幼儿教育的全纳、公平、均衡、可持续发展，兼顾健全幼儿与特殊幼儿的共同需要，进行学前融合教育实践探索，让特殊儿童更健康，让健全儿童学会接纳，为特殊儿童提供一个更公平、开放的环境。特殊的儿童获得了更多的机会，而健全的孩子也变得更有同理心，他们懂得如何与这些特殊的小伙伴和谐相处，相伴成长，懂得如何照顾特殊的群体。

融合教育，是我实践教育公平走得艰难却最能给我力量和勇气继续走下去的一条路。

我的教育故事——

我们的第一个听障儿童

那是 2002 年的夏天，我的办公室里来了一位年轻的母亲，她想让孩子插到大班。当时花朵幼儿园的学额已经很紧张了，来找我的家长很多，各种稀奇古怪的情况都有，别说是插班，就算是正常的入学也很困难。我当即就拒绝了她。

过了几天，她又来了，还是为了孩子读书的事。我还是拒绝了她，她欲言又止，但最终也没有多说什么，只是默默地离开了我的办公室。没过几天，她又来了。说实话，我当时心里有点生气，想着这个人怎么这么不识趣，三番五次地来，所以我的口气也有点重，对门口的保安说：“怎么老是把陌生人放进校园?”之后就再一次把她请了出去。我想，这下她应该不会再来了吧。

万万没想到，没过几天，在幼儿园的门口，这位妈妈又一次拦住了我。她肯定觉得这是自己最后的机会了，就鼓起勇气和我说：“园长老师，您能不能听我说说，我说完就走，要是您还是不能接收我的女儿，我也不会再来这里。”我看她说得恳切，就把她带到了我的办公室，答应给她半个小时。

这是一位单身母亲，有一个上大班的女儿，她们是几周前才搬到幼儿园附近的新村住的。她告诉我，她的父亲是湖北当地一所颇有名气的高中的校长。几年前，成绩一直十分优异的她却遭遇了“滑铁卢”。因为高考失利，她觉得愧对父母，于是带着几百块钱，从老家只身来到苏州。在相城打工的时候，她遇到了孩子的父亲，一个老实本分的当地人。虽然家境一般，但至少能在苏州给她一个家。不顾老家父母的反对，两人很快就领证结婚。本以为女儿的出生能让一切都好起来，但没过多久，孩子就被查出患有先天性听力障碍。她和丈夫带着女儿四处求医，几年下来，得到的答案只有一个：治不了。最终，他们也只能接受这个残酷的现实。

就在这个时候，本就不太富裕的婆家提出，既然老大有先天不足，那就得再生一个。可她觉得，如果生二胎，这个有耳疾的孩子的未来可想而知。“那对孩子太不公平了。”当这位母亲说出这句话的时候，我的内心也久久无法平静。她死活不同意，婆家也很坚决：“不生可以，那你带着这个孩子走。”面对忠厚老实却完全听从父母之命的丈夫，倔强的她带着女儿净身出户。

她一边打工赚钱，一边给女儿看病，因为要打好几份工，平时她只能靠轮休的工友们照看孩子。大家都知道她的遭遇，也很愿意帮助她。一两周，甚至一两个月还说得过去，可时间一长，始终不是办法，她只能四处求人，希望有幼儿园能收下女儿。可因为孩子耳疾的问题，她辗转多处，却一直没有幼儿园愿意接收她的孩子。

整整一个半小时的交谈，这位年轻的妈妈没有说一个“苦”字，也没有哀叹命运的不公。我看到的是一位坚强的母亲，一位伟大的母亲。我很同情她的遭遇，第二天就为燕燕小朋友的入学召开了专题的园长办公会。大家商量以后，我们决定破例把这个孩子放在大班的实验班。那个时候，我们幼儿园刚刚开始探索生活化、游戏化课程，我们也为实验班配备了最强的师资力量。没想到当时的这个善举，拉开了我们幼儿园融合教育的序幕。在接下来近 20 年的时间里，一批批听障儿童从花园幼儿园毕业，考上大学，走上社会。这都要感谢这位年轻妈妈当年的锲而不舍。

幼儿园的生活化、游戏化课程要求老师不能照本宣科，而是应该根据生活中的场景和资源去生成一些幼儿课程。也是因为这个听障儿童的进入，这个班很快就生成了一个关于耳朵的主题。

燕燕小朋友的助听器质量不是很好，到了下午如果没有电的话，就会发出啸叫声。老师们每天午睡前都要帮她取下，午睡后再帮她戴上。班上的其他孩子自然而然就对她的“小耳朵”产生了兴趣。孩子们都会问老师：“燕燕怎么啦？她的耳朵怎么啦？那个‘小耳朵’是怎么回事？”我们当时的课程刚刚起步，老师也十分重视这种资源对课程的价值，就在儿童的追问下做了一个关于“耳朵”的主题。

课程就从燕燕小朋友的“小耳朵”说起，我们以“小耳朵”引出主题，引导儿童去探索听障人士的世界。该主题中的内容包括：耳朵的构造；声音是怎么产生的；我们是怎么听到声音的；又为什么会听不见；听不见声音是先天的还是后天的；先天的有哪些情况；后天的听不见又是怎么造成的……通过讨论以及燕燕小朋友的介绍，我们得知像燕燕小朋友这样的耳疾就是先天的。在主题中，孩子们还讨论，除了我们人类以外，动物是不是也有这种情况。我们还让小朋友戴上耳塞去感受无声的世界，最后再引导幼儿讨论如何去与这些特殊的小伙伴相处。整个主题，因为有了燕燕小朋友这样一个真实存在的案例而变得十分具体。经过多年的打磨，“小耳朵”的主题课程也已经成为我们幼儿园的一个经典主题。

在这次主题活动结束后，大班的小朋友们也萌生了为燕燕购买助听器的想法。小朋友们自发地组织了义卖，筹集善款，这一行为也感动了其他人。当时，大家捐助的三千多块钱，只够给燕燕买一个助听器，我就带着钱和孩子们一起找到了西门子公司。当时营销部的负责人在了解了整个过程后也十分感动，主动向总部申请，又送了一个助听器给我们。终于，我们在燕燕同学大班毕业的时候，送了她一副助听器。当然，我们对燕燕的关注也并没有因为她的毕业而中止。她在升入小学后，每年的教师节，我们都会前往她所在的小学去看望她，了解她的一些近况。这种关注，一直持续到她高年级后再次转校才结束。

我们幼儿园接纳听障儿童的事，也引起了媒体朋友的关注，在当时被广泛报道。也正是媒体的报道，让我们与苏州市盲聋学校结下了深厚的融合之缘。

一切都是最好的安排

20 世纪 80 年代起，苏州市盲聋学校开始对听障儿童早期语言的康复教育进行实践性探索，但由于语言环境缺乏真实性和刺激强度，效果一直不够理想。一次，负责这一项目的季兰芬老师获得了前往香港学习的机会。在香港，她第一次接触到了融合教育。这一次的培训，为季老师打开了新世界的大门。

回到苏州以后，季老师一心想把盲聋学校幼儿园里的听障儿童们带入普通幼儿园，她开始积极寻找愿意与他们合作的普通幼儿园。“理想很丰满，现实却很骨感。”融合的理念在当时就十分超前，之前苏州没有人做过，没有课程、没有师资，连理论支撑都不是很完善，在方法上也仅局限于理论探讨、教育实验和问卷调查等。在这种背景下，想找一所愿意“融合”的学校，困难程度可想而知。

当时，季老师也找了一家离苏州市盲聋学校比较近的幼儿园，但为了不影响幼儿园的正常教学，幼儿园只同意她每周带着听障儿童去那里上半天的课。一周只去半天，不可能把这些听障儿童分散到各个班去，更不可能融入正常的教学中。听障儿童进入幼儿园后，也不过是在老师的带领下与普通的孩子一起做做游戏，增加一起交往的机会，根本谈不上“融合”。

这种“融合”显然不是季老师想要的。短暂的接触并没有达到预期，她看在眼里，急在心里。很偶然的机会，季老师知道了花朵幼儿园接收听障儿童的消息，她立即联系了我们。有了燕燕的案例在前，我与季老师一拍即合。当时我们就提出，既然是融合，那不光是学生融，老师也得融。除了为这些听障儿童上语训课，盲聋学校的老师也要正常带班。盲聋学校当时也十分支持，还专门为这个项目新招了一名应届毕业生。在那一年的秋天，季老师和另一位专业老师带着8个孩子就这样来到了花朵幼儿园。听障儿童们按照年龄进入不同年级的同时，季老师和她的同事也开始在我们幼儿园正常带班。

自此之后，融合教育一直是花朵幼儿园课程的重要组成部分。我们根据听障儿童的年龄和现实情况，将他们安置在小、中、大不同的班级中。待到他们逐步熟悉幼儿园和班级环境后，语训老师开始对儿童进行综合筛查，再在筛查的基础上做进一步的精准评估，然后为其制订个别化教育计划，做到“一人一案”，从而更好地实现融合教育。

一次特殊的家长会

不夸张地说，你一眼就能看出听障儿童的“与众不同”。他们的表情总是木讷的，说话的语音语调也和一般的孩子完全不同。而当我们的老师、孩子想要去亲近他们的时候，就会感觉到他们的紧张和抗拒。他们的内心对这个陌生的环境是恐惧和排斥的。

为了照顾到每一个听障儿童，达到最佳的融合效果，我们将8个听障儿童根据年龄的不同，分散在各个年级的不同班级。即使这样，孩子与孩子，孩子与老师，老师与家长之间的关系也不是很理想。万事开头难，最开始的时候，真是可以用“煎熬”来形容。果然，两个月过后，听障儿童的家长先坐不住了。

听障儿童家长的意见主要集中在听障儿童语训的时间上。他们原来在盲聋学校，两个老师只带这几个孩子，语训的时间非常充裕。每天，两个老师会不停地纠正每个孩子的发音，让他们不停地矫正、练习。可现在，季老师他们平时也要作为幼儿园的正常老师带班上课，语训时间相对没有盲聋学校的多。在幼儿园语训时间安排上，只能保证每天上午一次的集体语训和下午的个别语训。特别是个别语训，每个听障儿童两到三天才能轮到一次，再加上又要融入到全新的环境中，听障儿童明显就不适应。两个月下来，孩子们的语音及语言表达能力反而比之前退化了。在这种情况下，就有一个家长把孩子转走了。有一个人走了以后，就会产生连锁效应，紧接着又转走了两个。

当时，我和季老师的心里真是说不出的难受，甚至有些泄气。但我们很快就调整了心态，分析了原因。我俩从听障儿童家长的角度出发，也完全能理解他们的做法。对他们来说，孩子已经有耳疾了，当然是希望他们能够更好地康复，尽最大可能地融入社会。而在这种打破常规的、全新的教育方法面前，他们感到迷惑也十分正常。面对不可知的未来，做出这样的选择也是完全可以理解的。但我和季老师始终认为，孩子的语言一定是在生活中习得的，幼儿园环境的浸润、丰富的活动以及同伴的影响，都会对听障儿童的语言发展产生很大帮助，肯定会比在单一、封闭的环境中学习要好得多。

我们坚信，听障儿童如果能长时间地与正常孩子在一起学习、生活，一定是优于以往的学习环境的。至于为什么孩子的语言能力会在短时间内出现退步，这可能与听障儿童对新环境的适应性、班上老师的接纳性以及语训课程的整体配合度等因素有关。但即便是存在这样那样的问题，也不可能比原来差，这一切都只是时间问题。

思想统一后，我和季老师决定给这些听障儿童的家长开一次家长会。家长会上，季老师从她这么多年研究融合教育的专业角度，为家长分析利弊。因为常年的接触，家长们对季老师也十分信任。而我呢，则从幼儿学习语言的规律角度跟家长们介绍。虽然这件事情已经过去了十多年，但我还是清晰地记得自己当年说的话——“你们的心情我完全能够理解。因为你们平时语训多，现在语训少。但是你们有没有想过，你们的孩子听不见，这已经是客观事实了，不可能说通过语训把他们的聋给治好了。你们让他们说话的目的是什么？不就是为了让他们将来能够融入到正常的社会中去吗？那不就是我们现在正在做的事吗？今年我们所遇到的这些问题，未来他们能回避吗？把孩子们封闭起来训练，他话可能会说了，但要和正常的孩子说得一样好，这是不可能的。那么即使他的发音能好一点，但是缺乏了融合的技巧，不会跟正常人交流，到头来还是没有用的。虽然现在我们不能保证，孩子们通过融合教育，说话一定会跟正常人一样，但是他们从小就和正常的孩子在一起，他们的心态、他们跟正常人交流的技巧，一定会好很多。这些对他们最终回归主流社会的帮助，远远要比他们会说话来得更重要。况且，他们跟同伴们生活在一起、学习在一起、游戏在一起，有这样的语言环境，凭我这么多年的幼教经验，孩子语言能力的提高只是时间问题。我也请家长们相信专业，把答案留给时间去证明。”

要让听障孩子融入社会，而不是只是开口说话——我一下子就击中了家长们的痛点。没错，这才是融合的关键。家长们认为我讲得很有道理，季老师讲得也很有道理。在这次家长会之后，留下的这五个听障儿童就没有再转走了。当然，我们也开始在课程上进行调整和磨合。为了使普通幼儿和特殊幼儿都得到良好的发展，在融合的班级中，就必须调整普通课程的内容，使特殊幼儿和普通幼儿一样，平等地参与到学校的课程当中。

因此，在接下来的几年中，我们通过教研、审议，一点点琢磨，一点点改变，通过一点一滴的努力，创设更好的环境，让听障儿童能够更快地融入班级之中。在这个过程中，通过摸索、调整、提升，我们建构了“双模块、三变式”的课程体系，使学前听障儿童及学前普通儿童全面受益。一方面依托幼儿园园本课程实施集体融合教育，在班级进行；另一方面实施有针对性的个别化康复课程，在资源室开展。为了给听障儿童发展提供全方位的支持，我们将普通幼儿园园本课程与听障儿童言语康复训练标准教程从内容与形式上进行整合，力求做到“最大融合，无限接近”。

班里的爱心使者

把听障儿童家长的问题解决好了以后，我又面临了来自我们普通幼儿家长以及幼儿园老师、保育阿姨等的问题。

小班的带班老师来找我，用“崩溃”来形容班上来了听障儿童以后自己的初始状态。她说：“孟老师，我真的每天上班都很紧张。”我问她为什么要紧张，她告诉我，这个孩子（听障儿童）来了以后，基本就是上午尿在身上，下午尿在床上，而且天天如此。和她搭班的保育阿姨不堪重负，已经辞职不干了。现在来了一个新的保育阿姨，经验更加不足。新班、新老师、新阿姨，再加上班里还有一个新来的特殊的孩子，现在只要一上班，她就高度紧张。

她说：“正常的小朋友进入幼儿园后，过一段时间，习惯就会养成。只要我稍微提醒一下，孩子们就会去做。比如，游戏结束后，我就会提醒他们去上厕所。但现在不一样，所有的指令，我都必须重复两次。一个疏忽，小朋友们都去小便了，听障儿童没有去，那很有可能等下又会尿在身上。我一转身，忘了单独提醒他，其他小朋友都去喝水了，他就呆呆地站在那里，可能一天都不会去喝水。我必须时时刻刻地关注这个孩子……”小班的孩子，都是刚入园没多久，老师带班的压力本来就很大，要让老师在教学过程中再去特别关注到某一个孩子，真是莫大的挑战。

同时，因为孩子语言方面的缺陷，所以在与听障儿童沟通交流的过程中，老师就会更多地使用肢体语言来表达。特别是小班的孩子，因为听障儿童不会说话，所以只能用这种方式来沟通，而这往往很有难度。最后得到的结果就是班里其他普通孩子的告状：“某某某又抢我玩具了！”“某某某又打我了！”……这也引起了一些普通孩子家长的不满。家长觉得，听障儿童不仅占用了自己孩子的教学资源，甚至影响了正常教学。

听了老师的话，我其实很感动。我只是把这些听障儿童“带”进幼儿园，每天面对问题、面对压力的都是我的老师们。听她们讲这些，表面上好像是在“抱怨”，好像很排斥这件事，不能接受，很崩溃。但是，我认真地听完了她的讲述，发现她的焦虑和崩溃，恰恰是有爱心的表现。她完全没有逃避，她在思考怎么做好这件事，只是没有找到好的解决方法。很快，我们就针对这个问题，在全园进行了一次交流。在交流的过程中，我们发现，有一个班的老师推行了一个名为“爱心使者”的活动，很有借鉴意义。

要让听障儿童融入到正常的教学中，首先要突破的就是交流的瓶颈。老师不可能只关注这一个孩子，但班里不是还有其他小朋友吗？于是，这位老师在班里发起了争当爱心使者的活动。首先，只有“优秀”的孩子才能被选上，成为爱心使者。轮到做爱心使者的那天，从进教室开始，小使者就上岗了。小使者做什么，就要带着听障儿童做什么，要和他一起游戏、一起吃饭、一起学习，要告诉他老师说了什么，阿姨说了什么……然

后，根据小使者一天的表现，老师还会进行表扬，并宣布第二天的爱心使者。全班幼儿轮流做这个活动，效果真的很好，它不仅锻炼了我们孩子的能力，也让我们收获了很多的惊喜。

一个班有了好的经验以后，我们就在全园推广，而爱心使者也成为我们融合教育中的经典案例，沿用至今。后来，在这些孩子的成长日记里，我们发现，孩子们不仅会和听障儿童聊天，教他们说话，还会带着他们一起游戏、交流，和他们分享玩具。当我们的老师宣布某个孩子成为第二天的爱心使者时，这个孩子真的会回家精心地准备，他们有使命感，甚至感到光荣。孩子们想到的、做到的，完全超出了我们成人的想象。孩童间这种完全去标签化的交往，让我们这些教育工作者也十分受教。

融合教育的实施，不仅为听障儿童享受到优质的教育资源提供了保证，也给普通儿童的生活带来了改变。普通儿童由于从小便与听障儿童一起生活、学习，他们更容易接纳他人的特殊，乐于和不同的人进行社会性交往。从小的交往经验让他们更善于用发现美的眼光去认识他人，给予与自己不同的人群以尊重、包容，获得更多元的评价模式及思维方式。在融合教育的理念中，儿童在教师和其他儿童的关怀下接纳自身的不足，发现自身的优点与优势，从而更好地接纳自己，提升自我意识。

我们现在再看融合教育，它已经形成了一套比较完善的课程体系。然而在当年，我们就是摸着石头过河，大家都在不断的试错中前行、跌倒、总结、再起步……但即使再难，我们也没有放弃探索。

给斯嘉买助听器

正是因为有听障儿童的存在，班上的老师们也会做一些生成主题活动，包括亲子类的、话题类的，如关于耳朵的主题、各种为听障儿童发起的义卖活动等。一段时间后，普通孩子的家长发现，听障儿童的到来，不但没有影响到他们的孩子，反而使孩子们发展得更好，更有爱心。那之前的问题也就迎刃而解了。到了第二年，就开始有家长主动参与到我们的融合教育中来。

在这里，就不得不提我们斯嘉小朋友的故事。大部分进入我们幼儿园的听障儿童都是新苏州人，家庭条件都不算特别好。我记得，当时有一个叫斯嘉的小朋友，情况和燕燕小朋友差不多，因为家庭条件不好，一直缺一副好的助听器。按照常规的做法，只要组织一次义卖，在全园老师和家长的帮助下，我相信，这件事很快就能完成。但斯嘉小朋友所在班的老师和家长特别有心，他们没有这么做。在进入中班后，他们在整个年级组里发起了一场“为斯嘉买助听器”的爱心主题活动。

众所周知，幼儿园课程实施的最佳方式就是实现课程的园本化。多年来，在我们幼儿园，我们一直强调“让幼儿在生活、游戏中及生活化、游戏化的活动中生动活泼、积极主动地学习和发展”。孩子们在进入中班后，根据课程要求，年级组内就会陆续开设“跳蚤市场”“大卖场”“看电影”“美食广场”等主题活动，小朋友们在这些场景中会用真实的货币进行真实的交易。斯嘉所在班级的老师和家长就和年级组商量，每次活动的钱，跟家长公示后，作为斯嘉的爱心基金储存起来，到斯嘉毕业的时候购买一副助听器作为礼物。

到大班的时候，他们已经为斯嘉存了好几千元，但还是不够。这个时候，小朋友们主动提出，要发起爱心捐赠，组织爱心义卖。一场以他们班为主导，由整个年级组参与的全园爱心大接力就这样拉开了帷幕。与当年为燕燕捐赠助听器相比，整个活动变得更加充实，孩子们的参与感也更强。

在这个过程中，斯嘉班里的一名家长特意来找我，她说，这几年孩子和自己参与其中，除了感动，带给她更多的是感慨和反思。她觉得班里的这件事特别有意义，孩子们不是为了捐而捐，而是投入其中。从前期的策划，再到与学校的教学主题结合，然后是现在孩子们自发地为了斯嘉“奔走”……大家花了两年多的时间，完成的不只是一副助听器，而是一段与爱有关的心路历程。在这个过程中，孩子们参与、感受，就连家长也跟着一起在成长、在反思，并被深深影响和感动着。当这名家长把这件事分享给她办公室的同事后，大家也主动地参与到了为了斯嘉小朋友买助听器的活动中来。

我们的课程，一直以来都强调资源支持。在资源收集中，我们不断探寻新资源，鼓励幼儿参与资源收集，将资源转化为幼儿可理解、可接受的经验。如今，我们再回过头来看我们的教育——当时只觉得是我们在帮助听障儿童，其实反而是孩子之间的这种差异，又变成了我们课程的一种资源。这些听障儿童学生反而是我们普通孩子的一种资源。在朝夕相处间，孩子们变得更有同理心，懂得关爱别人，为他人着想，包括接纳残障，接纳不同。我们也相信，无论是普通孩子还是听障儿童，通过融合教育，他们的人生观、价值观，他们看待世界万物的方式，也将变得更多元。

“双模块”和“三变式”

为了让学前听障儿童更好地融入幼儿园教育，能像健听儿童一样在“最少受限制的环境”中享受同样的教育资源，我们一方面让这些听障儿童参与幼儿园的所有活动，另一方面在教室尚紧缺的情况下设立了语言训练专用室。苏州市盲聋学校配备了两位专业语训教师和一位个别言语矫治教师，给融合教育提供支持性的保障条件。在此基础上，根据听障儿童的年龄、听力受损和语言发展情况，我们在早期的教学中构建了适合不同年龄和不同水平学前听障儿童的“双模块、三变式”融合教育模式。

首先，我们构建双模块课程，为听障幼儿提供融合教育保证。双模块课程包括“幼儿园园本课程”和“个别化康复课程”两个模块，其设置意图是既让学前听障儿童接受幼儿园的正规课程教育，又对他们进行听力语言康复训练，有利于他们早日回归主流社会。“幼儿园园本课程”的内容包括教学活动、户外活动、日常生活和各类游戏；“个别化康复课程”的内容包括集体语言教育和个别语言矫治。

学前听障儿童自身的听力缺陷使他们生活在弱声或无声的世界里，而成人在指导他们学习说话或进行个别言语矫正时，往往会刻意放大声音、放慢语速、夸张口型，一字一顿地教，以使这些听障孩子能借助视觉的辅助进行模仿发音。可是，在这样的语言环境中让听障儿童去感知语音、语调，就必然会导致他们失去正常的语言节律感。而让学前听障儿童融入幼儿园健听儿童日常生活和教育的语言氛围中之后，他们不仅能时时处处感受到有声语言的语音、语调，而且能随时随地自然地模仿健听儿童的语速，从而逐渐跟上并形成正常的语言节律。

幼儿园的教育环境可充分满足听障儿童全面发展的需求。融合教育为学前听障儿童提供了一个与健全儿童平等相处、交往沟通的平台，他们能在全日制普通幼儿园里学习、生活、运动与游戏，参与普通幼儿园所有的课程活动，他们全面发展的身心需求得到充分的满足。而且，我园有许多特色的园本教育活动，例如：“生活实习场”能提供真实或拟真的场所，使他们的语言和交往能力有了良好的发展机会；“炊事活动”提供了发挥视觉特长的机会，使他们的自理经验得以丰富，认知、生活技能能得到发展；“远足”“大带小”“社会实践”等系列活动能让他们和健听儿童相伴相随，不断丰富生活经验、开阔视野，各方面的能力得到有效的发展。整合与运用幼儿园的多种资源，为学前听障儿童融合教育的顺利开展提供了切实有力的支撑，也让他们成为了真正的受益者。

与之配套的，我们还给听障儿童提供必要的听力语言康复训练。学前听障儿童的最大生理缺陷是不同程度的听力丧失，这使他们失去了许多必不可少的接触、吸收、应用和习得有声语言的机会。虽然他们都已戴上了助听器或植入了人工耳蜗，但是他们的语言发展已明显滞后于健听儿童。他们听得见，但听不懂；会说些话，但说不清；想交流，但语言贫乏，表意不准。因此，仅仅靠幼儿园的语言环境刺激，而不进行听力语言的补偿性训练，还是不能完全解决让他们能说、会说的问题。而语言能力的获得必须建立在实践的基础上。于是，对他们进行集体和个别化结合的听力语言康复训练就显得尤为必要。

在实施双模块课程的过程中，我们在方式、目标、场所、时间和师资配备上都有细致的安排。实施普通幼儿园教育模块，提供全方位的活动资源和教育渠道。按照学前听障儿童的不同年龄，我们将他们分别编入健听儿童的小、中、大班中，让这些听障儿童全程参与幼儿园的正规课程，在与健听儿童共同学习、游戏的全开放环境中建立自然又亲密的伙伴关系，不断增强其回归主流社会的自信心，并获得全面又最适合自己的发展。

实施听力语言康复训练课程时，强调其应有的专业性及其成效。我们在语训室内配置了专业训练器材，包括无线调频设备、各类专业训练教材等，并由专业教师按计划对听障儿童进行集体语言教育和个别化的言语矫治。根据学前听障儿童不同个体的发音情况，每天上午我们安排半小时的个别言语矫治，由专业教师对他们进行针对性的言语治疗，以提高其发音的清晰度和准确性；下午则安排半小时的集体语训活动，采用幼儿园生活化、游戏化课程的活动方式，以《听障儿童标准化课程》为蓝本，对他们的听觉、语音和语言进行强化训练，以满足他们语言康复训练的需要。

双模块是融合教育课程的基本模式，实际操作中要根据听障儿童的不同年龄、听力受损和语言发展情况等，确定具体的实施方式并制订相应的教育计划，以选择最适合其受教育的课程方案。在融合教育的过程中，我们形成了三种变式方案，从而满足听障儿童的不同需求。

变式一：以听力语言康复训练课程为主

主要适用于听觉感知、言语发音、语言交流、生活适应等方面能力发展较差的学前听障儿童。这类孩子的语言能力表现为：可咿呀发几个音，但不会表达，也听不懂老师或同伴的话，只能靠两只眼睛来琢磨幼儿园各项活动的要求。此时，他们更多需要的是进行语言康复训练。言语矫治教师还要根据训练需要，让这些孩子进入她所教的班级，以便跟踪观察和协助，对其进行生活学习指导，促使其尽快融入健听儿童集体。

变式二：普通课程与康复训练课程相结合

主要适用于已经熟悉幼儿园生活，也乐于和健听儿童一起学习和游戏，但只能简单地表达，尚不能全面理解普通班级老师的语言与指令的学前听障儿童。对于这些孩子来说，在这段时间里，融合活动和听力语言训练处于同等重要的地位。

变式三：以普通幼儿园教育课程为主

主要适用于语言交流已基本无障碍，能参与幼儿园的各种活动，只是在语音方面有些词发音还不清，需要不定期地进行言语矫治的学前听障儿童。我们根据这些孩子的个体差异，逐步增加他们参与班级活动的时间，从而为其之后进入小学的正常生活、学习打下基础。

这三种变式的特点是因人而异的，我们“对症下药”，以找到最适合不同学前听障儿童个体的融合教育课程实施方式，以期获得最佳的教育成效。

做小老师

我们突然发现，到了大班后，这些听障儿童反而不愿意说话。因为在小班和中班的时候，孩子们的语言水平发展速度不是很快，所以他们跟普通孩子之间的差距就不大；

但到了大班，普通孩子的语言表达能力有了飞跃。很多中班的孩子还不怎么会说，但到了大班，他们完整表述的能力就强了。那么这些听障儿童跟健听孩子在输出表达上就显示出很大差距来。同时，随着自我意识的觉醒，他们也会感觉到自己与别人的不同，觉得自己讲话没人家流利，没人家清晰，反而变得不肯说话了。

我们针对这个情况，就策划了一个做小老师的跨年级活动，倡议大班的哥哥姐姐去小班给弟弟妹妹们做小老师，树立好榜样。在活动中，我们会有意识地让一名语言表达能力较强的孩子和听障儿童一起去，而参与的内容也主要以小班的语言类活动为主。和同伴一同前往，能减轻听障儿童的心理负担，同时，在小班的语言环境下，听障儿童的表达肯定要比小班的孩子们好很多。就是通过这一系列的“有意为之”，在训练他们语言能力的同时，也让他们重拾信心。

不光是开口说话，到了大班以后，还有一些听障儿童就不愿意戴人工耳蜗来上学，因为他感觉到自己跟别人的不同。“为什么我要戴人工耳蜗？其他小朋友都没有？”“耳朵上的这个怪东西，我不要！”从与孩子的交流中，我发现，因为这个人工耳蜗，孩子感受到了自己和别人的不一样，所以他就拒绝戴。我和老师一面耐心地跟孩子做工作，另一面让全班小朋友一起分享阅读了绘本《独眼猫一世》。一世是天生的独眼猫，尽管它扑在妈妈的怀里喊叫：“为什么我只有一只眼睛？我也很想要有两只眼睛。”残酷的现实却无法改变。妈妈的伤心、伙伴的嘲笑只能化为一世那只美丽的大眼睛里晶莹的泪水。一世在妈妈的指引下，在月牙儿的帮助下，终于见到美丽的青紫色星星，并知道“和两只眼睛比起来，一只眼睛不是也很美吗”，一世终于找回了自信，得到了同伴的接纳，故事留下了完美的结局。我们和小朋友一起分享了这个故事以后，小朋友都能说出，听障儿童戴助听器或戴人工耳蜗，就和我们有的小朋友眼睛“生病”了要戴眼镜是一样的。

通过绘本以及主题活动，我们也告诉听障儿童，某些时候，你的弱项也可能恰恰是你的强项。慢慢地，这些听障学生也放下了心理顾虑，接纳不完美的自己。当然，这种影响也是双向的，我们让健听孩子也知道，戴个“小耳朵”并没有什么，只是耳朵“生病”了而已。

在整个融合教育的过程中，我们更多的是从一个全人发展的角度去培养孩子，而不仅仅只关注语言能力。孩子的幼儿阶段大多是萌发期、启蒙期，他们的性格没有完全形成，道德品质和思维意识也没有养成，通过我们正向的引导是能起到积极作用的。就像那个不愿意戴“小耳朵”的学生，老师通过阅读一系列有意思的绘本，通过同伴跟他的交流，他很快就认识到心里这种想法是不对的，我们的孩子远比我们想象的更强大。

所有的付出，总归能得到好的回报。按照国家的有关规定，听障儿童语言康复至少应达到三级标准，即“语音清晰度超过 70%”“能运用简单语言进行交往，能背诵多首儿歌及复述短小故事”“相当于 3—4 岁正常儿童的语言水平”后，才能进入普通小学就读。为此，苏州市残联每年组织教育行政部门、康复机构和家长共同对听障儿童的听觉、语音、语言进行综合评估。我清楚地记得，融合教育一年过后，我们带着孩子去参加评估，当时转走的那几个孩子也来参加。比较下来，无论是语言能力的康复还是其他综合能力，我园融合教育班听障儿童的发展状况都明显优于在语言康复中心未接受融合教育的孩子。最后，这几个孩子又都转回了我们幼儿园。

十多年来，在我园接受融合教育的 60 个听障儿童中，已有 39 人次参加了市综合评估，康复率为 100%，其中，一级康复为 31 人次；40 人已顺利进入普通小学学习，仍有 11 名幼儿还在本园就读。

对听障儿童多点关注，没人说你偏心

起初，在对待听障儿童的态度上，有些人是有爱心，但缺乏真正的方法，也有些人确实存在一些抵触的思想。特别是有些保育员阿姨，总觉得是多了一份事情，有的时候，就连孩子午睡后起来戴助听器这种小事，也要推到季老师那里去。季老师也常常和我互开玩笑，说自己带着这几个“拖油瓶”“嫁”到了我们幼儿园。万事开头难，更何况这件事之前还没有人做过，所以，无论是大会小会，我都会强调，对孩子们要一视同仁，甚至提出：“你对听障儿童多关注一点，也没有人会说你偏心。”一年、三年、五年、十年，慢慢地，大家就达成了默契。

对于听障儿童的“偏心”，还体现在我们对于接收学前听障儿童的“零拒绝”上。花朵幼儿园作为热门学校，在近几年学前学额高度紧缺的情况下，对于听障儿童，我们还是能做到“有一个收一个”。在我看来，拒绝健听的孩子，他们只是少一个选择；但要是拒绝听障儿童，他们可能就没有选择了。

融合教育能得到顺利推行，当然也离不开领导的“偏心”。时任苏州市教育局局长的顾月华女士有一次来到幼儿园调研，在问及困难时，我就提出，虽然已经做了几年，但一直以来，我们其实都是“草台班子”，融合教育缺乏专业、专门的教师团队，如果没有制度保障，师资不稳定，这个项目肯定无法长久。顾局长在听取我的汇报后，当即拍板，拿出两个编制，为融合教育保驾护航。为一个项目拿出两个编制，这在当时是非常少见的。

如今，教师队伍稳定，教学体系也日趋完善。十多年的融合教育不仅使听障儿童的听力语言能力获得了康复，也让他们在人际交往能力、亲社会情感等方面得到了良好培养，有效地消除了他们与主流社会的隔阂，使其能最大限度地融入健全人群，可持续发展的潜能得到了良好发展。

学前听障儿童在接受一段时间的融合教育之后，基本适应了幼儿园学前阶段的正常学习与生活。他们能主动参与幼儿园的各项游戏与活动，可以较为自如地运用所获得的语言和技能进行表达，并不断丰富交往经验，已具有了融入主流社会的基本综合能力。我们跟踪调查了接受我园融合教育后升入普通小学学习的26名听障学生后发现，他们在各自的学校都取得了良好的发展，学业成绩100%合格，完全能跟上普通小学的教学进度，并顺利完成各科学习任务；个性发展也丰富多彩，在体育、舞蹈、美术、阅读、写作等方面，有8人次获得各级各类奖项；综合素养令人称赞，共有20人次获得学校综合荣誉奖，有多位学生连续多年获得校“三好学生”荣誉称号，其中童曦煜同学还被评为“苏州市阳光少年”。

当然，我们觉得融合教育要取得更好的成效，还应在以下几方面得到更大的重视：

1. 对承担融合教育的相关幼儿园需投入必要的资金、设施。学前听障儿童除了与正常同龄幼儿共同接受普通教育外，还须进行个别化听力功能的补偿性训练，如能给予先进的听觉语音康复评估与训练专用设备支持，那么他们的语言康复效果会更好。

2. 需寻求更多专家的引领和指导，以提升融合教育的实践水平。目前，相关的项目组都由一线教师组成并在实践操作层面上做研究，如能得到专家的引领，必定能使融合教育的成效更加显著。

3. 呼吁政府出台相关的政策，助推融合教育更顺利地发展。例如：幼儿园实施学前听障儿童的融合教育，如在师资的专业培训、编制配备上能得到相应的扶持等，听障儿童融合教育会发展得更好。

抱一抱熙熙

在做中错，在错中改，在改中进步。到现在，我们幼儿园生活化、游戏化的课程以“班本、生本”为原则，关注每一个个体的同时，已兼容了对特殊儿童的教育。也就是说，我们的课程本身就有针对特殊儿童需要的内容。正因为我们针对听障儿童做了这么久的融合教育，我们的老师在接纳其他特殊孩子的时候也没有了障碍。

这几年，我们时常会遇到一些或有情绪障碍、或是身体发育迟缓，甚至有自闭倾向的孩子。很多家长不愿意去承认，我们也不会去给孩子贴上标签。我们的老师在教学的过程中，发现这些孩子在某些方面与其他孩子有所不同，但我们还是积极地接纳他们。通过我们的努力，想方设法给孩子提供支持和帮助。我们对老师进行特殊教育的普识培训，也不仅仅只是针对听障儿童，自闭、情绪障碍等儿童也都在培训的范围之内。我们的融合教育已经不再只是接纳听障儿童，而是往全纳教育理念下的生活化、游戏化课程方向行进。

一日午餐后，刚入园一个月的熙熙和别的小朋友一起选择了区域游戏。熙熙是一个爱画画的小朋友，她坐在美工区中专心致志地画着画，十分专注、投入。即将到午睡时间，老师播放着整理玩具的音乐，班级里的小朋友们闻声便井井有条地收拾起了玩具。这时我们的老师突然听到熙熙大哭的声音，她一边哭还一边大叫："我不要，我不要！"周围的小朋友不明所以，热情地想帮助熙熙一起收玩具。没想到熙熙更生气了，她把美工区其他小朋友的作品都撕坏了，把桌上的蜡笔全部扔在地上，周围的小朋友也被熙熙的行为吓坏了。

老师走过来，把熙熙带到了娃娃家中，试图安抚熙熙，然而熙熙依旧歇斯底里地叫喊和哭泣。突然，熙熙从娃娃家跑了出去，把班级中的椅子全部推倒后，又试图去推倒桌子。老师怕她伤害自己，立即就把熙熙带去沙盘桌进行游戏。直到二十分钟后，熙熙的情绪才慢慢稳定下来……

从那次以后，老师对熙熙就格外关注。在与家长沟通后，我们才知道，熙熙在父母离异后就跟随父亲和爷爷奶奶一同生活。孩子从小就很敏感，因为缺乏安全感，所以很容易发脾气，烦躁易怒且伴有攻击性行为，有一定的情绪障碍。

有一次，熙熙所在的班级与隔壁班进行平行班角色游戏，熙熙一开始的时候很开心，在隔壁班的游戏场景中流连忘返。五十分钟后，到了游戏结束时间，老师轻轻地呼唤小朋友们回到各自的班级。小朋友们心满意足，纷纷期待明天游戏的开始。突然隔壁班的老师焦急地跑过来说，熙熙在他们班的"照相馆"中哭闹着阻止游戏结束。老师来到班上，问熙熙发脾气的原因，熙熙说："我知道结束了，但我就是还没玩够！"老师一边安抚着熙熙，一边和她一起想象明天再次游戏的场景，熙熙同意跟老师回到班级。可回到班级后没多久，熙熙突然跑了出去，从二楼教室一直跑到了一楼大草坪，在大草坪中一边大叫一边哭泣。老师一边安慰着熙熙，一边带着熙熙在幼儿园散心了好一会儿，熙熙才和老师一起回到了班级中。面对老师和同学，熙熙又大哭了起来。这个时候，我们的老师和同学就都围了上来，他们紧紧地抱住了熙熙。熙熙一边抽泣，一边对老师说："老师，我也不想生气，可我就是很生气……"

对于有情绪障碍的孩子，我们可能理解不了他们的一些行为，甚至会觉得他们是脾气坏。其实，他们是没有办法控制自己的情绪。就拿熙熙来说，如果进行她喜欢的游戏，她会认真专注并且情绪稳定，看起来和普通的孩子没有什么区别，然而游戏的突然停止就会触发她情绪的爆发，甚至伴有攻击性行为。《指南》健康领域中指出：3—4 岁儿童情绪比较稳定，在有比较强烈的情绪反应时，能在成人的安抚下逐渐平静下来。然而稳定的情绪与在短时间内恢复平静对于熙熙来说有较大的困难。

也正是因为这样，有情绪障碍的孩子在处理问题时也会更加极端。有一次，熙熙和小伙伴们发生了肢体冲突，原因是小伙伴们觉得乐乐的泥工作品比熙熙的更漂亮。熙熙先是砸坏了乐乐的作品，随后在乐乐胳膊上咬了一口。伙伴们要求熙熙道歉，熙熙一个人躲进了图书区的小帐篷里，失落地、忧伤地抠着自己的肚脐眼。老师找来了熙熙爷爷，爷爷说，熙熙在家也有类似行为，并且几次前去医院治疗肚脐感染。

因为有了之前与听障儿童相处的经验，老师们自然也能够理解熙熙——既然耳朵会生病，那情绪也会生病。我们觉得熙熙的这种表现令人"头大"，不好管教，其实，孩子的内心应该更痛苦吧。老师们不断地观察和总结，和熙熙一起寻求解决的方法。老师告诉熙熙，当觉得自己很生气、很生气的时候，就努力地深呼吸。同时老师们还发现，陪伴熙熙做一些她喜欢的小游戏，会很好地分散她的消极情绪，也容易让她投入其中。慢慢地，熙熙也开始学着控制自己的情绪了，哭闹的时间也越来越短。

更有意思的是，在带班老师的带领下，班级里的孩子们达成了“抱一抱熙熙”的默契。其实，老师也是很偶然地发现，在熙熙情绪失控时，温柔地拥抱是很有效的方法，这比任何语言的安抚都更加有效。班里的孩子们虽然不明白发生了什么，可看到大哭大叫的熙熙在老师的拥抱下变得安静，一开始的时候，他们也在老师拥抱熙熙后，去抱一抱她；慢慢地，孩子们会主动地在熙熙闹情绪的时候去抱她；再后来，只要看到熙熙，大家都会去用力地抱抱她。被爱包围着的熙熙也慢慢地学会了管理自己的情绪，性格也变得开朗了起来。

都说时间是治愈伤痛的良药，在我看来，除了时间，还有纯真无私的爱。

让嘟嘟再留一年

由于妈妈工作比较繁忙，出生后 1 个月，嘟嘟就被接到了外婆家。自上幼儿园起，嘟嘟每天都由外婆一起陪着走进教室。从幼儿园大门口到班级需要走过一条长走廊，嘟嘟总是躲在外婆的背后，把自己的脸遮起来，直到我们叫他的名字。

很快，我们的老师发现，嘟嘟对周围的人、事物是不敏感的，入园后的很长一段时间，他不认识自己的班级、老师和同伴，对老师的话几乎没有回应，特别是在集体环境中，明显表现出不合群——嘟嘟进入不了集体或小组的游戏，经常会一个人坐在小椅子上发呆。在我们老师的建议下，家长带着嘟嘟前往儿童医院进行了全面的检查，发现嘟嘟在语言、运动、认知方面有发育迟缓的情况。

遇到这种情况，我们的老师就更关注嘟嘟了。每次嘟嘟来上学，老师们都会上前主动和他打招呼，并等待他的回应。一天、一周、一个月……我们坚持着和嘟嘟打招呼，并告诉他，他在哪个班级，老师是谁。慢慢地，嘟嘟就能叫出班里老师的名字了。我们也开始有意识地让他认识班里的小朋友。午餐后的休息时间，老师就让孩子们围成圆圈做游戏，和嘟嘟一起认识班里的小伙伴，老师让几个平时和他玩得好的小朋友坐在他边上，问他：“嘟嘟，这些都是你的好朋友，你认识吗？”他低着头不吭声，老师就把和他一组的小朋友叫上前：“这是谁呀？”嘟嘟看着我们老师的口型，叫出了第一个好朋友的名字，接下来是第二个……以后来园的每一天，我们的老师都会告诉他：“你是小二班的小朋友。”然后每天会请一个好朋友和他一起做游戏，并告诉他好朋友的名字叫什么。

在小班一学期的陪伴学习和指导下，嘟嘟逐步认识了几个同伴，能简单地说出一两个经常带着他一起玩的好朋友的小名，我们也会在日常活动中和他进行一对一的单独训练。到了中班，我们又发现，嘟嘟不认识颜色。一次下午的区域游戏，嘟嘟在老师的陪伴下来到了美术区涂色，我们的老师给了他蜡笔，让他在画纸上涂鸦。我们的老师就问他："嘟嘟，知道这是什么颜色的蜡笔吗？"他口齿不清地重复了一遍："什么颜色？"老师就告诉他，这是红色的蜡笔。老师随后又拿出了黄色的蜡笔，让他认。别的小朋友只要一秒钟就能记住的事，在嘟嘟这里却要重复十遍、百遍甚至千遍。可即使是这样，我们的老师也是不厌其烦，不抛弃、不放弃，我们的老师就是这样对待每一个孩子的。

在老师们的关心下，到了大班，嘟嘟对老师的口令有了简单的回应，自理能力相比小、中班时有所提高，比如会自己穿脱鞋子，但穿衣裤还需要老师的帮助。精细动作也比同龄的其他孩子弱一些：进餐时不能熟练地使用筷子，不会用画笔进行绘画表达，手指的肌肉力量弱。我们在日常活动中也积极地训练嘟嘟的动作发展，除了户外的大动作练习，还经常和他一起做一些手部动作的训练，比如手指游戏、区域游戏，学习使用剪刀等。

经过三年的集体生活，如今的嘟嘟在运动、认知、语言等方面，比小班刚入园时有一些进步，家长和幼儿园同步重视关注了他的发展，让他能经常和班级的同伴活动游戏，创造更多的条件进行个训。我们也针对他的问题查阅了相关的书籍资料并进行跟踪观察，就嘟嘟发育迟缓的情况做出相应的实施对策：如在语言方面，训练他模仿成人的语言发音，鼓励他多说话，学会用语言表达自己的要求，多给予刺激，调动起他说话的兴趣和积极性；在社会方面，让他多接触社会和大自然，引发他的同伴交往意识，使他在集体中有归属感。看着嘟嘟一点点地进步，我们也由衷地为他高兴。

眼看嘟嘟就要大班毕业离开幼儿园进入小学了，我们却做出了一个大胆的决定——经过我们老师和专家的多方讨论，我们和家长商量后决定，让嘟嘟再多念一年大班。

在多年的课程建设中，我们形成了个性化的教育理念和原创性的教育思想，我们注重每一个幼儿的全面发展，坚持课程班本化的理念，形成可选择、个性化的"生活化、游戏化"课程。我们从教育公平和人文关怀的角度，依据《指南》《纲要》，结合幼儿身心发展特点以及幼儿发展的差异性，不断优化课程。同时把差异性作为一种教育资源加以重视并利用，建构生本化的幼儿园课程体系，使目标体系、课程内容、课程实施和评价以循序渐进、螺旋上升的动态形式发展。

在课程实践过程中，仅在入园方面有形式上的平等是远远不够的，更为重要的是在教育过程中，教师应针对幼儿的差异，在深层次上引导幼儿多方面发展，在以生本化以及"儿童本位"为基础的多元视角下开展"教育质量的公平"的实践。在合理配置教育资源的同时，对不同的幼儿给予不同的教育机会，多样的教学内容、方式和组织形态，让所有幼儿都能平等地接受适合其独特需要的高质量教育，从而不断地在实践中形成课例、案例、个别化教育方案等。相信通过这样的实践，终能梳理出对于教育本质的理解，这也体现了对教育公平价值观的坚守。

在我看来——

一棵小树的成长离不开阳光与雨露，特殊儿童因为自身情况的不一般，更需要社会的关爱。我们给予他们更多关爱，改善他们的生存、生活、学习环境，让他们有条件学习更多知识，更好地融入社会环境，那么这群特殊的孩子就不会沦陷在黑暗里，他们就能从人生的阴影里走出来，走向阳光，拥抱温暖，迎接幸福。他们中的大多数也许并不能成为某一领域的佼佼者，但至少能像正常人一样，安然度过每一天、每一年。

第六章　蒲公英，你用力地去飞（相信孩子）

给孩子们讲的应该尽量少些，而引导他们去发现的应该尽量多些。

——斯宾塞

杜威用未成熟状态来形容儿童发展的状态，并把未成熟状态放到了一个至关重要的位置，认为这种未成熟状态意味着一种持续发展的能量和潜力，蕴含着积极的建设性意义，决定着儿童的生长和发展。儿童是好奇、主动、执着的学习者，只要是他们没有见过的东西，他们都会觉得十分新鲜；面对疑问，他们常会打破砂锅问到底，直到找到他心里满意的答案。儿童是执着的投入者，只要是他们感兴趣的事物，他们一定会执着地去尝试、探索。他们是喜欢模仿的，模仿成人贯穿着他们成长的始终。他们喜欢创造，绘画、表演、交往互动等，放飞想象、自由创作的过程也是不断学习的过程……

正是因为儿童具有这种持续发展的能量与潜力，教师在师幼关系中更要走在孩子的前面，为激发幼儿的“内在潜力”而蓄力。那作为教师，我们应该怎么做呢？首先，教师要蹲下来去了解幼儿、发现幼儿，看到他们的所想所思，根据孩子的问题来设计并不断调整、完善活动计划。其次，教师自身还需要做好准备，不断扩充自己的知识储备，才能给幼儿更好的支持。最后，尤为重要的一点，就是作为教师，我们要学会放手，学会相信孩子。世间万物皆有定时——播种有时，成长有时，花开有时，而我们要做的，就是静待花开。

我的教育故事——

毛茸茸的树

我们幼儿园有一个蛮有趣的活动，叫“我的班级树”。每一届的小朋友，都有“权利”在幼儿园里找一棵他们喜欢的树，把它认作是班级树。其中有一个班的小朋友在散步的时候，发现在大型玩具场地里有一棵他们也不知道是什么的树。在小朋友们看来，这棵树长得很奇怪，全身毛茸茸的，和幼儿园里其他的树不一样。孩子们对这棵树产生了浓厚的兴趣，大家讨论了一阵后，就给这棵树挂上了他们班级的标记，并给它起名叫“毛茸茸的树”。

其实，这是一棵棕榈树。回到班级后，孩子们就对棕榈树进行了深入的研究——它有什么功效？它长大了是什么样的？它会不会开花？它会不会结籽？有了探索以后，他们的兴趣得到激发，想法更是天马行空。快下课的时候，突然有个小朋友冒出一个奇思妙想：“如果我们把这棵班级树搬进我们班级里就好了。”其他小朋友纷纷表示赞同。那么这棵毛茸茸的树能不能搬到他们班里去呢？小朋友们开始放飞想象，并行动起来，寻找把树“搬”进教室的方法。后来，在家长和老师的支持下，他们在网上购买了棕榈树的树皮，决定要在班级里面“种”一棵毛茸茸的班级树。

想法有了，材料有了，那要“种”在哪里呢？他们找来找去，发现教室里的柱子可以利用起来作为树干。在制作的过程中，孩子们又发现，树皮买得有点多了，就讨论着可以多做几棵。幼儿园的建构室里有很多的纸筒积木，他们就搬上来，通过一层层粘合做成了树干。虽然没有柱子那么牢固，也没能做得那么高，但也不错。不断地进行新的尝试以后，他们的兴趣更浓了，孩子们开始分组，然后每个组都想办法来做一棵。

对于中班的孩子，叠高粘合，再给树披上“外衣”，难度不小。但在这个过程中，孩子们分工协作，有商有量。最终他们觉得这棵“棕榈树”只是包上这么一层毛茸茸的皮，和真正的树还不像。他们又去观察，发现棕榈树身上还长满了“扇子”，然后他们又用绿绿的纸折成扇子，插在所谓的叶柄上，为此他们就又找来了细棍。一番组合后，一棵棵逼真的毛茸茸的树就做好了。

然而，儿童的探索兴趣并没有就此止步。孩子们在讨论和交流的过程中发现，幼儿园所在的三元三树社区里头也有很多这样的棕榈树。他们就又提出了问题：整个小区里到底有多少棕榈树呢？孩子们决定通过散步远足，一片一片地去找、一条一条路去看、一棵一棵去数。

在数的过程中，新的问题又来了——有的树数过了，有的树没数过，到底有多少棵还是不知道。孩子们自发讨论，寻找新的方法。最后，他们决定制作写有数字的树牌。于是他们就分组开始制作树牌，每个组被分到了不同的号段，一直做到了100。树牌制作完成后，他们在老师的带领下再次出发，然后见到一棵就挂一个标记。按照数字的顺序，最后他们大概挂了87棵。在挂的过程中，他们又发现有的棕榈树很高，有的相对较矮小。他们用目测的方法，感知着小区棕榈树的大小、粗细和高矮，通过他们的实际感受和亲身体验来了解物体的数学特征。像这样的建构活动，在我们的幼儿园还有很多。作为幼儿园教育教学的一个重要组成部分，它能够挖掘幼儿的创造力和想象力。事实证明，孩子的学习能力是与生俱来的，很多在我们成人看来几乎不可能完成的事，却总能在孩子身上看到“惊喜”。

幼儿园教育的传统模式是：排排坐，听老师统一指挥，看似井井有条，却发现不了孩子的闪光点。创新的建构活动，为孩子们创造了一个宽松、自由的环境，充分满足了他们的好奇心。从材料准备开始，老师就放手让幼儿发挥他们自己的想象力，静心等待花开的时候。要建构一个几何形体，成人的思维总是被对称、规整、美观所禁锢，而孩子呢，除了教室里可见的积木、纸杯、木板等物品，甚至还跑出教室，把院子里的废弃纸箱、轮胎、梯子都拿来，作为建构的材料，运用垒高、平铺、连接、排列、组合等多种方法，建构出主题式的小区、城市。无论是对于孩子还是老师来说，这都是一个相互学习、相互改变的过程。幼儿的感知经验、主观体验得到了提升，同时也开拓了他们的创造性思维，增强了空间想象力。惊讶于幼儿超凡的创意设想，老师们也开始跳出条条框框的限制，视野格局变得更宽广。

《国家中长期教育改革和发展规划纲要》强调要坚持“以人为本”。从一次构建活动，可以看出幼儿教育的以人为本，即相信孩子、理解孩子、读懂孩子，只有如此，才能为幼儿建设他们喜爱并能够促进他们个性化学习与发展的课程。我们的教育生活应适宜儿童的生活，教育的过程应倡导儿童主动学习和探究，教育的本质在于帮助儿童成长和获得幸福。

所以，请无限相信孩子的潜力，等待成长，尊重天性，我们的教育里会有无穷的奇迹发生。

静待花开，让孩子真正成为最美的自己。

水池里的怪东西

那是2017年的冬天，经历了气温骤降的某日夜晚，早上8点，一个孩子清脆的声音打破了幼儿园的宁静：“快看，水龙头下面有一根长长的冰柱！”随着这一声呼喊，孩子们纷纷跑至水池前。“真的结冰了呢。”“为什么冰柱是竖起来的柱状，而不是其他形状？”“除了这里，还有哪里有冰柱吗？”……一时间，大家一哄而上去寻找答案。通过在园子里寻找，孩子们发现，原来，不同的地方结的冰是不一样的，有的长，有的短，它们的花纹、形状、大小、高低都各不相同，真是有趣极了。

回到教室里，讨论并没有停止，孩子们对冰柱的兴趣也打破了原本的课程计划。老师干脆调整了课堂内容，从冰柱探究开始，引导孩子们继续深入去探索，让他们发挥想象，自由讨论。有的孩子问："会不会是下雨导致的?""不会，只有不下雨的时候才会结冰。"有的孩子问："为什么只有这个水龙头下有冰柱，其他的没有呢?""会不会是水龙头坏了?"……随着讨论的深入，太阳渐渐升起来了，等到孩子们再次回到水池前，冰柱已经融化成水，在池子里欢快地流淌着。"可能晚上气温比较低，天越冷，水越容易结冰。"经过班级集体讨论决定，放学的时候，再开一个水龙头，明天上学再来观察一番。

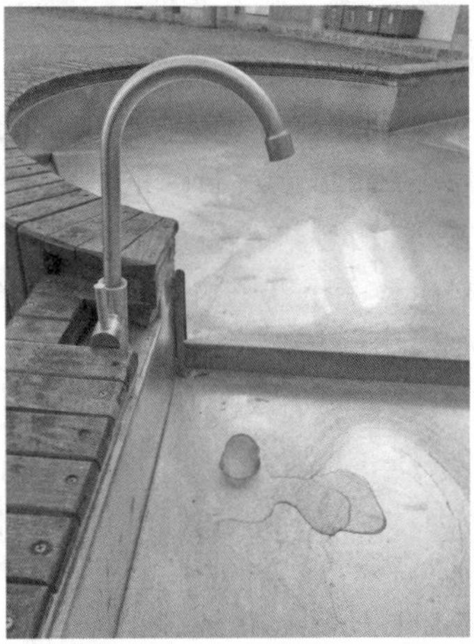

第二天，当大家迫不及待地跑到打开的水龙头前时，孩子们傻眼了——并没有任何冰柱结成。这又是为什么呢？"是不是因为今天没有昨天冷?"在一番讨论后，这一句话引得大家又纷纷关注起天气来。随后，班级里的孩子们迅速自发分成三个调研组：第一组专门查看天气预报，告知大家每日气温情况；第二组负责去网上查找资料，原来只有在0℃以下时，水才会结成冰；第三组则根据前两组的信息，制订第二天的实践计划。

孩子们等啊等，终于有一天，气温再次下降到0℃以下，"太好了，今天放学继续行动起来。"孩子们跑到水池前，再次打开水龙头，让它呈滴水状态。孩子们等待着小惊喜，可是到了第二天，水池里依旧没有出现冰柱，取而代之的是一个个小冰球。这又是为什么呢？好奇心促使着孩子们又回到课堂上继续研究。在老师的帮助下，他们一起上网查阅资料。原来，同样是0℃以下，恒冷状态和骤冷状态结冰的结果是不一样的，只有在骤冷情况下，才能结成冰柱，也叫"冰凌"。

好不容易等到再次降温，孩子们在做第二次实验的同时，还收集了许多材料，打算自制冰块。这一天，冰柱真的出现了，孩子们自己做的冰块也成功了。他们把自制的冰块带回了教室，冰块很快就开始融化。孩子们马上来到户外，通过比较室内外冰的融化情况，他们发现，温度越高，冰融化得越快。另外，0℃以上水流的冲击也能加速冰的融化。孩子们初步感知了水与冰之间的状态转化关系——温度很低时，水能结成冰；温度升高时，冰又会融化成水。见大家兴趣盎然，老师在随后的课堂上，又制作了与冰有关的美文、诗歌、美术、音乐课件，形成系列，每个人都完成了自己的观察记录本，孩子们将这一次活动起名为“水池里的怪东西”。

幼儿是好奇、主动、执着的学习者。他们会在探究中认识周围事物和现象。在“它怎么不见了”这个问题的研究中，幼儿感知了“融化”这个物理现象。也许在中小学教师看来，“水的三态”这个简单的物理现象用一句话就能说明，而幼儿园教师却把它作为一个项目活动，与幼儿一起花这么多时间来研究。因为幼儿科学学习并不是以学习科学知识为目标，而是以“探究”为核心，通过科学探究，幼儿经历发现和获取知识的过程，领悟科学的思想观念。通过科学的学习，幼儿可以形成受益终身的学习态度和能力。

这正是花朵幼儿园的魅力所在，任何一次偶发的生活体验，就可以创新为课程。在探究的过程中，老师的角色被重新定义，老师是引导者、合作者、探究者，更是倾听者。教育无痕，花朵幼儿园的课程具有生活化的特点，结合生活，让儿童自己去感知，去发现。在专业引领下，构建了一种开放性、探究性、自主性的教育实践与体验，课程不再只是传统模式的教与学，而是一种师生共同探索新知的发展过程。

所以，我们相信孩子，因为每个孩子都是“理论的建构家”。

沙盘桌大改造

儿童对沙有着天然的喜爱，沙盘游戏也是花朵幼儿园里最受幼儿欢迎的项目之一。为此，花朵幼儿园专门为孩子们开辟了一个沙盘游戏专用室场，让幼儿在玩沙盘的过程中可以充分发挥其独特的想象。但一个沙盘室场，几个班级轮流玩耍，大家依旧觉得不过瘾。开学初，中班老师和孩子们一起讨论如何布置新教室，“改造一个沙盘桌”成了班里最一致的声音。

说干就干，孩子们首先将目标瞄向角落里的一个图书架，把书架上的隔层板取出来，就成了一个天然的长方形沙盘，垫一层台布，堆上沙子，一个简易的沙盘桌就大功告成了。可玩了没几天，有小朋友就发现了问题：书架太高，要踮起脚尖才够得着，这样玩起来就太累了；隔层板太小，大家玩的时候施展不开来，玩得也不够尽兴。怎么办？孩子们提出，干脆就自己做一个吧。于是，一项更庞大的沙盘桌改造工程在班上启动了，对一群 5 岁的孩子来说，这不是一件简单的事，背后涉及寻找材料、锯木、测量、打桩、拼接等一系列操作，可大家个个都提起了 120 分的兴趣，投入其中。

有了前面的经验教训，小伙伴们首先想到的是要选一个高度刚刚好的桌子。经过多方比较，吃饭的餐桌成了最合适的改造对象。有小朋友提出去买一张，可很快就被其他小朋友否定了——“上哪儿去买呢？”“我们没有钱。”“哪里才能找到一张废弃不用的餐桌呢?”“不知道仓库里有没有?”老师适时地引导:“你们可以去找园长妈妈问问看。”老师的话音刚落,孩子们就聚到了一边,开始激烈地讨论起来。别小看这一个简单的场景,谁来找园长、什么时候找、找到了该怎么说,小朋友们可都是策划好了,有备而来的。

在园长办公室,被选为代表的两个孩子简单地说明来意,希望得到园长的支持,并讨要仓库钥匙。园长听了很高兴,也真心为孩子们的行为“点赞”。园长陪着他们一起来到了仓库,他们在里面精挑细选,最后终于找到了一张十分满意的桌子,这几个孩子带着胜利的喜悦回到了班级。

真正需要孩子们自己动手来制作的,只有沙盘桌的护栏。在制作护栏的过程中,我们看到了属于孩子自己的合作与分工方式。可能是被孩子们的大胆创意所吸引,我也开始饶有兴致地观察起来,正是这样的兴致,让我发现了一个特别有意思的小小流水生产线:测量的 2 个小朋友拿尺子量完餐桌后,小心翼翼地在空白处写上“长 110cm,宽 60cm”。小木工们则根据测量的尺寸,到木工坊分别锯 4 条沿边,锯完后再合力拼装、钉钉。此时,新状况又出现了,装钉完毕的木条无法与桌子的长宽度匹配起来,总是多出一段来,难道是测量出错了?可是重新测量了好几次,依旧是长 110cm,宽 60cm。孩子们开始一步一步倒推程序,逐步排查问题,最后终于发现,长木条和宽木条拼装的时候,要把重叠的厚度减掉才行。我觉得,我们的孩子真的是太厉害了。

在成人的世界里,我们总是认为,孩子还小,当他们遇到挫折、困难时,一定会选择就此放弃。但事实上,幼儿远比我们想象的更强大。他们凭着一股坚韧不拔的劲头,在改造沙盘的过程中,有同伴学习,有相互提醒,有融洽合作……“大功告成!”等到沙盘桌制作完成,老师们都惊讶不已。这个沙盘桌也一直陪伴着这个班级的孩子从中班走到大班,直至毕业。我想,它会是大家成长过程中最难忘的作品。即使毕业多年,但当这些孩子再次走进花朵幼儿园,依旧能回忆起制作沙盘桌时那种情不自禁的兴奋。

长期以来,在幼儿园甚至中小学教育界,都存在着一种视教育为矫正的倾向——当孩子做错的时候,或者是做得不好的时候,老师就会出现,老师几乎成了问题的纠正者。而当我们学会放手,尊重儿童的情感,感受儿童的内心时,看到的将是另一番景象。我们的儿童是有自我学习能力的,他们是在做做玩玩、与材料及环境的互动中获得发展的。儿童通过自主学习,通过他们自己的设计思维来解决真实问题,在建造的过程中积累成长的力量,通过自主动手和团队合作来实现自己的梦想。

一个小小的沙盘桌,包含着对每一个孩子创造力培养的意义和作用。作为教育者,我们一定要支持儿童。

搭番茄架

为了更好地实践生活化、游戏化的课程，我们在幼儿园开辟了一块种植地。这一片独属于孩子自己的小天地，是幼儿生态体验课程的一部分。我们根据季节特点，规划种植不同的植物。孩子们通过种植蔬菜，了解大自然、亲近大自然，培养观察、研究、感知和动手能力。

又到了仲夏时节，孩子们决定种番茄，因为在众多的蔬果中，每一根藤上番茄的结果数量比较多，他们觉得更有成就感。孩子们前期也做了大量的功课，一是回家请教大人，二是上网查资料。后来，他们在讨论中发现，要种好番茄，必须给番茄搭架子。因为这样，番茄藤才有地方可以爬。这搭番茄架可是非常有讲究的：选材不能太软，架子也不能搭得太矮，绑在架子上的藤条不能太松，也不能太紧，稍有差池，都会影响到番茄的生长。摆在孩子面前有这么多的问题，我们的孩子又会如何应对？怀着好奇心，我便在一旁默默地关注着。

在孩子们最初的认知中，番茄架的高度应该与番茄藤相当，为此，他们还特意测量了番茄藤的长度，截取同样尺寸的树枝作为支架。可几天后发现，番茄藤长着长着就耷拉下来了。“原来它也会长高，就像我们长个头一样。”这下可怎么办？是把原来的番茄架拆了重新搭建，还是在树枝边上重新再绑一根？无论是哪种方案，都意味着要把之前的工作从头再做一次。就当老师打算替孩子们做决定的时候，我摇了摇头，对这个年轻的老师说：“放慢脚步，有的时候，等待孩子也是一种学习。”我们就在一旁静静等待，看这些孩子会怎么办。

事实证明，跳出成人的单一思维，孩子们想到的办法远远超出我们的想象。他们想到了搭“人”字架，这样番茄的生长既能控制在合理的高度，又腾出了番茄的生长空间。为了防止树枝划伤手，幼儿们还找出许多 PVC 软管，把裸露在外的树枝包起来，美观又安全。接下来的每一天，幼儿们都会来观察——种下的种子什么时候开花？花是什么颜色的？刚长出来的小番茄是什么样子？通过照料、管理、观察、记录，形成自己的研究性学习报告，也逐渐生成班级特有的生态种植课程。

《纲要》明确规定：“环境是重要的教育资源，应通过环境的创设和利用，有效地促进幼儿的发展。”“要让幼儿爱护动植物，关心周围环境，亲近大自然，珍惜自然资源，有初步的环境意识。”陶行知也曾指出：“全部的课程包括全部的生活，一切课程都是生活，一切生活都是课程。”幼儿是好奇主动的学习者，我们要为幼儿创造自主学习、解决问题并实践运用的机会，才能帮助他们向更高、更远的水平发展。教师要以幼儿的生活为契机，善于发现幼儿兴趣点，引导幼儿去观察、探索，并解决实际问题。搭番茄架就是个很好的案例，看似“不务正业”，实则是释放天性，培养领导力、探究力和责任心的活动，家长们对此也都纷纷“点赞”。

像这样的生成性主题活动，给花朵幼儿园的课程提供了无限的活力。传统的教学活动是老师提前预设好内容和组织形式的，而这样的主题活动以幼儿的兴趣为出发点，教师善于发现生活中幼儿感兴趣的话题和内容，并以此为契机，引导幼儿去观察和发现。花朵幼儿园的教育顺应孩子的天性，相信幼儿是天生的探索者，感知着周遭生活的一切，探索着他身边大大小小的事情。幼儿的兴趣点永远是他周围的世界，是他的生活，而不是老师预先“安排”的一个个“知识点”。花朵幼儿园的教育让幼儿走进自然、融入自然，通过大自然的广博和丰富来滋养幼儿的心灵。只有亲身体验和经历了，幼儿才更加崇真尚美，友善自信，关爱自然，敬畏生命，具有环境意识和创造性，并乐于探索。可以说，在这样的课程中，孩子们自然会成为生活最真诚的追求者。

石头的故事

石头是我们身边常见的事物，正因为它太常见了，所以常常被大家忽略。在一次远足活动中，当大家在草坪上休整完毕，正准备回幼儿园时，涵涵一眼就发现了草坪上的鹅卵石，“看，我这边有一块鹅卵石！”“哇，好漂亮的石头呀！”“为什么要在草坪上放一圈鹅卵石呢？”涵涵的问题引发了大家热烈的讨论。有的说：“起风的时候，鹅卵石可以防止小草被风刮走。”有的说：“鹅卵石是为了不让自行车、电瓶车进去的。”有的说：“鹅卵石可以按摩脚底。”那这个鹅卵石到底有什么作用呢？老师和孩子们一起开始探索石头的秘密。

回到班级后，大家围绕鹅卵石展开了激烈的讨论，制订了“探索鹅卵石的秘密”的实践计划。大家采访了参与运河公园设计的黄主任，进行了探索石头滤水的科学实验，去社区调查、寻找不同的石头……通过了解石头的不同秘密，大家发现生活中常见的石头原来大有学问。于是，大家又萌发了自己开办一个石头博物馆的愿望，把从各处搜罗来的石头集中在一起，办个展览，还打算邀请全幼儿园的小伙伴们都来参观。说干就干，在老师的引导下，孩子们通过民主讨论和投票确定了石头博物馆的构成，分成四个区域：石头工艺品区、科学发现台、石头创意画、石头故事汇。然后大家分头行动，收集材料。

经过前期充分的准备，石头博物馆顺利开馆啦！整个展览有展示、有讲解、有互动，大家各司其职，井然有序。引导员给前来参观的小朋友们分发宣传单，介绍石头博物馆里有什么，以及每个区的进区规则。讲解员耐心地给大家讲解石头的知识，介绍收集到的石头工艺品以及科学发现台里的石头可以怎么来玩。就这样，一次班集体活动最后成了全校的一件盛事。

幼儿喜欢新奇的事物，喜欢东摸摸、西碰碰，任何东西在儿童的手里都是奇特的，哪怕是像石头这样不起眼的小物件，儿童也能对其进行创意的、独特的加工。儿童的发明不一定对人类有意义，但一定对他自己有意义，对于他自己的发现，儿童一定会如获至宝。通过对石头的探索，幼儿养成了细心观察周围一切事物的好习惯，并乐于去了解自己生活的世界，热爱自然、保护资源的情感也更强烈了。在一次次的尝试中，幼儿有探索、有试错，幼儿沉浸其中，投入地游戏和“工作”。

在石头博物馆活动结束后，我们也邀请幼儿记录下了对活动的感受。有的幼儿画下了自己当工作人员的场景，有的幼儿记录了活动的过程，还有的幼儿将自己去其他班级宣传的情境画在了纸上……这些都成为幼儿参与活动的印证，见证了幼儿在活动中的思考与成长。

石头博物馆的活动结束了，但是幼儿探索世界的脚步并没有停止……

让乌龟飞起来

新学期到了，幼儿带来了许多图书到班级分享。有一天，几个幼儿围着一本书，你一句我一句地讨论起来。老师上前一看，原来是一本叫《艾迪，我来教你飞》的绘本。故事讲了一只叫恩斯特的小熊教鸵鸟艾迪飞行的故事。幼儿叽叽喳喳聊起来了：“为什么鸵鸟不会飞？”“最后它学会飞了吗？”

伴随着大家的猜想和疑惑，我们一起

展开了有关动物飞行的一系列活动。那到底有哪些小动物不会飞呢？我们可以来帮助谁呢？这时候，老师引导幼儿观察身边的一些小动物。有幼儿马上想到我们的自然角，里面有小金鱼、泥鳅、乌龟等动物，幼儿看着自然角的动物讨论起来。

“我们一起来帮助乌龟飞起来吧。”讨论的最后，大家一致决定帮助乌龟学习飞行。乌龟是两栖动物，离开水也没问题，这个想法值得尝试。要帮助乌龟飞行，得先了解乌龟才行，于是班集体展开了“乌龟大调查”。第二天，有人带来了自己的调查表，有人带来了书籍资料，有人带来了两只小乌龟……大家开始讨论乌龟的各种生活习性和有趣的小知识。

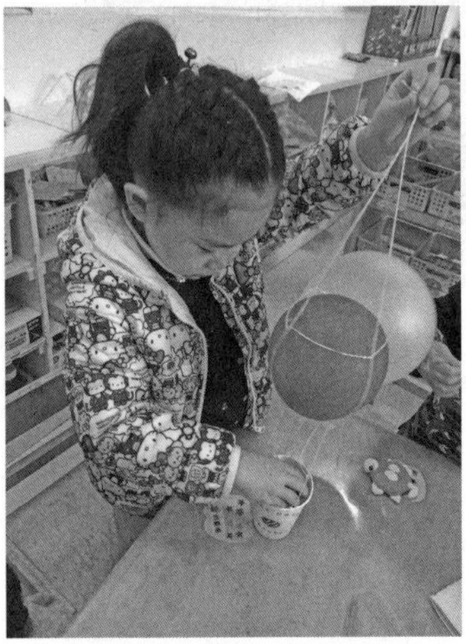

自从这些乌龟来到了班级，幼儿更加忙碌了。他们不仅要照顾好自己，也要照顾好自己的乌龟朋友。怎么帮乌龟飞行？“给它做一个小翅膀，就能让它飞起来。”“我准备给小乌龟弄一个气球。”“在乌龟的上面绑好几个竹蜻蜓。”对于给乌龟设计飞行器，幼儿有很多奇思妙想。通过阅读《艾迪，我来教你飞》绘本得到了启发的幼儿想到了利用工具，如气球、飞机等，幼儿还想到需要增加保护装置来保障乌龟的安全。在制作飞行器当天，幼儿带来了自己准备的材料，有拼装材料、自制材料、废旧材料等，可以说应有尽有。幼儿在桌子上开始按照自己的设计图慢慢制作起来。

大家都准备好了自己的飞行器，并且把已经晾干的黏土小乌龟放置到自己的飞行器中进行实验。准备要帮助乌龟飞行了，大家跃跃欲试。经过好几次实验发现，只有气球是最合适的飞行器。可是，气球的“能力”不足，不能带着乌龟起飞。于是，老师们讲述了《飞屋环游记》的故事，孩子们又突发奇想，为乌龟建造了一个房子，五颜六色的氦气球由一根根绳子拴着，固定在了小房子上面。除此以外，大家还带来了许多泡沫缓冲垫、小泡沫气囊等材料，保护乌龟的安全。就这样，孩子们帮助乌龟成功飞了起来。

每个幼儿都是一颗小星球，他们有无数的想法，天马行空的点子可谓数以万计。在这一活动中，让小乌龟飞行也是一个神奇的点子，最后通过每个人的努力，这个想法真的实现了。幼儿自己动手制作的飞行器虽然拙劣、简单，但是承载着幼儿自己小小的梦想。我们把奇思妙想变成行动，我们化不可能为可能，最后所有的孩子齐心协力做出了乌龟的“飞屋”，帮助小乌龟飞行，幼儿自己的心也一同飞上了天。

活动中，教师以幼儿的生活为基点，发现幼儿感兴趣的话题，并以此创造教育契机，引发幼儿与环境和材料的互动。在整个过程中，幼儿获得了情感、技能、知识等维度的全面发展。通过这个活动，孩子们体会到了探索与成功的喜悦，知道了自己的想法可以通过实际操作、亲身体验来实现，更知道了探究和付诸实践的重要性。只要善于思考，勇于探究，我们的想法就可能被证实，科学离我们很近！

种甘蔗

甘蔗有多高？在成人看来，这个问题几乎不需要经过大脑思考。然而，对于一群五六岁的幼儿来说，想要弄明白这个问题着实不太容易。在花朵幼儿园里，就有这么一群孩子，花了整整五个多月的时间，自己种甘蔗。在五个月的探索里，他们经历了"失败—重来—再失败—再重来—成功"的艰难过程。他们身上"不放弃"的精神，也给我深深地上了一课。

这一次意义非凡的经历，源于一本幼儿绘本——《甘蔗有多高》。一次，老师带着孩子们共同阅读绘本，当老师读完《甘蔗有多高》的故事后，孩子们坐不住了："老师，我们也想种甘蔗。"抱着试试看的想法，老师带着孩子们来到幼儿园门口的水果店，在地上捡了两个甘蔗头，迫不及待地把它们种到种植地里。隔了半个月，甘蔗不但没有长出来，反而萎缩了。孩子们回头看看老师，老师摇摇头，他们只能再去水果摊向老板求助。"叔叔，甘蔗根生病了，快救救它吧。"老板拿起甘蔗根一看，发现上面缺少了甘蔗生长必需的芽。原来，并不是所有甘蔗都会有甘蔗芽，只有根上有芽的甘蔗才能培育出新甘蔗来。还没等老板说完，幼儿们就一股脑地蹲在地上翻找了起来。

第二次，幼儿拿回了 3 个带芽的甘蔗头，培土、种植、测量……比上一次更小心翼翼，他们的注意力高度集中，目标只有一个——让甘蔗长大、长高。又过了半个月，甘蔗依旧没有长出来。孩子们干脆把水果店老板请到了他们的小菜园里。原来，只有横着种在地里的甘蔗根才会长出新的甘蔗来。"重新再来！"凭着一股不气馁的精神，孩子们

把本已埋进泥土里的甘蔗根再次挖了出来，换上新的。这一次，没过几天，新芽就长出来了。在甘蔗生长的几个月时间里，大家每天都会悉心地照料它，并且做好生长记录，这一根来之不易的甘蔗也陪伴着孩子们走过了一段难忘的旅程。

这件事对我的触动非常大。种甘蔗，经历了许多次失败，如果不是孩子坚持，老师也许就放弃了。最难能可贵的是，孩子在面对失败时，不急不躁、不急于求成，反而越挫越勇。在遇到挫折的时候，自己想办法来解决各种问题，也使得这个主题活动得以一步步深入开展。回想我们成人自己，在工作中缺少的是一种稳健的心态，总是急于求成，忽略了孩子的接受能力和情绪反应，常常是事倍功半。一根甘蔗，对于我们来说，可能是再普通不过的东西了，可就是这么一根普通的甘蔗，使孩子们探索着、尝试着、创造着、学习着……他们获得了让自己一辈子受益的道理、习惯。

甘蔗的故事告诉我们，孩子身边的一草一木、一事一物都有可能像"甘蔗"一样有价值，真正有价值的课程资源是贴近孩子的，是孩子生活中真切感受着的、触摸着的。教育来源于生活，生活即教育。没什么教材比来自生活的经验更贴近自己，更富有魅力。在孩子成长教育的过程中，我们往往缺少等待。所以，等待孩子，相信孩子，也要相信他们的毅力，他们对世界充满好奇，世界对他们而言也充满挑战。

"黑房子"里的秘密

在花朵幼儿园改造之初，专门建设了一个经典主题体验场所——"我家周围的房子"，在一块区域内，打造了各种各样的房子，有泥房、草房、砖房、玻璃房、木屋……通过环境的创设，引导幼儿去发现，去感受。其中，有一间屋子最受大家喜爱，由于没有窗户，干脆就把这间屋子打造成"黑房子"，全封闭式的设计，没有灯光，让孩子们在黑暗中不断探索。过不了多久，这里就成了孩子们最喜欢的地方，起名为"光彩屋""悄悄屋"。

这样的设计源于幼儿教育对孩子心理的认知。在我们的常规认知中，总觉得孩子对黑暗会有胆怯心理，其实不然，无论是小班、中班还是大班，儿童不一定怕黑，反而对黑暗充满好奇。好的环境创设，不仅能够给孩子带来安全感和归属感，还有利于孩子的自我发展。"黑房子"就是这么一个地方，它能够帮助幼儿克服害怕、恐惧，在未知中对这个世界更加充满好奇。

开学第一天，小班男生多多抱着妈妈的脖子不肯放手，面对即将来临的分离，他哭得伤心至极。相信很多家长在孩子刚上幼儿园的时候都经历过这一幕，从家庭环境到集体环境，幼儿的心理极容易产生不安全感，他们是焦虑的、胆怯的、迷茫的。第二天，老师让多多妈妈从家里带来了他最喜欢的玩具，并且把这些玩具都放到了"黑房子"里，温馨地布置了一番，再加上一些闪烁的灯光，放一段柔美的音乐，在睡午觉的时候，把多多带到这里。场景的温馨、独特的视觉感受，立即让孩子破涕为笑，慢慢走进去，发现黑暗中隐藏的美。知道了这个秘密基地，多多又和班上的小伙伴们一同分享，大家带上手电筒，在"黑屋子"里玩起了光影的游戏，聆听《小小萤火虫》的音乐，尝试勇敢者的游戏……渐渐地，孩子们对黑夜产生了浓厚的兴趣，他们经过探索，发现黑夜中的光影是那么奇特。

有的时候，"黑房子"还是孩子们的悄悄话小屋。有一次，我经过"黑房子"跟前，发现里面有亲昵的讲话声，原来是两个女孩正讲着悄悄话。我询问她们在聊什么话题，其中一个还俏皮地说："不能告诉老师。"进入到中班以后，幼儿逐渐摆脱了小班时的稚嫩无助，他们更渴望拥有自己的秘密。此时，"黑房子"又有了新的功能，除了给予孩子们足够的独立空间外，还培养了他们主动关心他人、倾听他人的能力。

像“黑房子”这样的设置，给了儿童私密的空间。儿童的秘密是儿童自我意识的一部分。儿童在由“自然人”成长为“社会人”的过程中，会有不同的情绪体验，儿童的秘密也就随之产生。为儿童开辟出一片“自我的领地”，这为儿童形成多层次的心理空间提供了保障。像“黑房子”这样成为陪伴孩子们长大的私密天地，好奇的时候可以探索，烦恼的时候可以倾诉，疲劳的时候可以休息，是幼儿探知未来、自我独立、分享快乐的温暖港湾。

我们的运动会

每年春季，“花朵之春”运动会是一年中幼儿园最热闹的活动，也是幼儿们最兴奋、最高兴的活动。因为在一周时间里，孩子们自己策划、自己组织一场运动会，他们在“我运动、我快乐、我健康”的口号中，感受运动与健康、规则与创造、竞争与合作。

尽管运动会只有短短一周时间，但在前期，幼儿园的孩子们在老师的引导下，进行了大量的准备工作，从项目设定、场地规划、比赛执行到卡通形象设计，里面所有的环节和内容都是孩子们自己策划和准备的。其实，中班、大班的孩子已经有了强烈的规则意识和逻辑思维，他们会先调查、交流，了解到底哪些项目最受小伙伴们的欢迎，每个班级选出两个项目汇总，再经过一轮集体投票，才最终确定运动项目。对孩子们来说，这是一个浩大的系统工程，每个班级之间需要协调，汇总的运动项目不能重复，最终落地的项目还要保证难、中、易三个层次，让每一个幼儿都能够参与其中。这是一场真正属于孩子们自己的运动会，过程中，老师作为幼儿的引导者和支持者，给予孩子们独立做事的足够机会和空间。

到了开幕的那一天，全园沸腾。孩子们邀请了自己的爸爸妈妈来参加运动会，因为是孩子自己策划组织的运动会，所以无论大人还是孩子都无比认真。开幕式上，每个班级、每个小队的幼儿为了突出自己的创意和特色，非常用心地设计了卡通形象，就连做啦啦操的服装都是孩子们自己做的。赛场上，每一个幼儿都身兼数职，他们既是运动员，又可能是管理员、裁判员、记录员或者啦啦队队员。

这一场运动会，也是老师们在不经意间对孩子进行的一场评估。运动会中，老师设置了一些挑战项目，每个幼儿拿着通关卡到项目点接受挑战。只要通过了，老师就会在通关卡上敲章；如果没有通过，则无法拿到印章。为此，不少孩子在运动会还没有到来的时候，就开始勤加练习。

运动会的开展，不仅让孩子们锻炼了身体，增强了体质，还培养了孩子不怕困难、勇于前行、积极进取的精神。在活动中，有的项目需要幼儿独立完成，有的项目需要同伴合作互助，还有的项目需要家长参与、亲子配合。不管是哪一种形式的活动，都让孩子们乐在其中。运动会的开展促进了孩子身心健康的发展，又增加了锻炼的多样性、趣味性和游戏性，更重要的是使幼儿在集体活动中体会到了集体荣誉感，知道自己是集体的一分子。

每当看着孩子们在家长的注目和陪伴下开心地玩游戏，在老师和家长爱的包围中成长，小脸上自然洋溢着自信与勇敢，我就觉得这是我在幼儿教育途中最幸福的时刻。每个孩子的个性中都蕴藏着创造与成功的潜力，让我们做好的支持者、合作者和引导者，让小小的生命自由发展，直达幸福的彼岸！

电影院的故事

大班主题活动“生活中的数字”的目标是让幼儿发现生活中的各种数字，体验数字与人们生活的关系，初步学习利用数字解决生活中简单的问题。其中，在“认识单双数”的活动中，为了让幼儿更好地理解单双数，我们创设了“电影院”实习场活动。在此活动过程中，幼儿自行设计宣传海报、自制电影票、参观电影院、排座位、按单双数贴座排号、购票、对号入座等。

这个主题最初基于幼儿的兴趣，后来发展成一个持续三周的主题活动。正是因为幼儿对这一活动充满兴趣，所以在活动中，幼儿积极参与，与同伴合作并解决问题。

随着幼儿园规模的扩大和现实生活中小包厢式放映厅的出现，实习场也发生了变化。除了原有的大影院，六个班级的活动室变成了六个小型放映厅。我们同时放映七部电影，并由大班幼儿邀请小班幼儿一起观看，幼儿们各准备一块硬币。大班幼儿会根据“领”到的不同角色，完成不同的任务。

“售票员”负责想办法用不同的颜色来标识不同的电影票，并且让每个人都能看到自己想看的电影;“工作人员”负责维持电影院秩序,做好不同电影的指示牌和引导工作;更多的是“观众”,大班的哥哥姐姐需要和小班的弟弟妹妹结成对,大班儿童负责顺利地带弟弟妹妹看完电影,并且将弟弟妹妹送回教室,在结对之前,他们是互不相识的。如何做到既能照顾好弟弟妹妹,又满足看到自己想看的电影的愿望,哥哥姐姐们可谓是各显神通:有的大班幼儿在结对之前会先询问一番,直到找到与他同看一部电影的弟弟妹妹,才结对一起去买票;有的则是随便配对,然后和弟弟妹妹讨论,最终达成共识,一同去看电影。

一次,中班的可可自告奋勇地跟结对的哥哥说:“这次我去买电影票。”第一次自己买电影票,可可兴奋地和哥哥说:“看,我抢到了 3 号和 4 号座位。”可走进放映厅,两人都傻眼了。原来,电影院的座位分单号和双号,也就是说,1 号和 3 号才是坐在一起的。其他人的座位都是连在一起的,找谁换呢? 为了不让可可离开自己的视线,大班哥哥求助了工作人员。在工作人员的热心帮助下,终于将两人的座位调换到了一起。

每张电影票需要 1 块钱,我们经常会碰到丢了钱的小朋友。当有人弄丢了钱,两个人的身上只有 1 块钱,只能购买一张电影票的时候,他们是如何解决这个棘手的问题的呢? 有意思的一幕幕来了:有的哥哥会让弟弟坐在自己的腿上,共坐一张椅子,一起观看电影;有的则会让弟弟看上半场,自己看下半场,等到电影结束的时候,两个人相互交换着讲述电影情节。不论是哪一种情景,都没有一个孩子打破规则,这也让我们看到了小孩子心中强烈的责任感和规则意识。

《指南》指出:“幼儿的学习是以直接经验为基础,在游戏和日常生活中进行的。要珍视游戏和生活的独特价值,创设丰富的教育环境。”生活即教育,社会即课堂。多年来,花朵幼儿园一直坚持生活化、游戏化的课程价值取向,注重捕捉幼儿兴趣,并依据幼儿生活经验来创设拟真或真实的环境,帮助幼儿在真实情境中操作、表达,做“真事”,从而获得发展。就像“电影院”这个主题活动一样,我们的目的并不仅仅是看电影这么简单,而是希望通过看电影这一主题活动,能够让儿童真的有所收获。在看电影主题活动中,老师会和幼儿一起商量、讨论、策划、确定活动内容,并营造拟真形态的学习环境。幼儿在解决一个个问题的过程中,锻炼了动手操作能力,提高了思维和语言表达等能力,也感受到了活动带来的乐趣。我们不断优化“电影院”,将更多挑战融入情境中,让幼儿主动积极地去应对。我们发现,在不断呈现的问题情境中,幼儿更愿意与他人讨论问题,敢于在众人面前说话,能有序、连贯地把一件事情表达清楚;在遇到困难时更愿意向他人请教,愿意分享、交流、协商与合作,更具有责任心和同情心。

“电影院”活动作为幼儿园混龄活动之一,打破年龄和班级的界限,让不同年龄段的孩子在同一个情景创设中游戏,为幼儿提供更多的异龄观摩学习的机会,对促进幼儿的社会性、个性化、认知发展及语言发展等具有独特价值。混龄游戏的方式不仅提高了幼儿的身体素质、解决问题的能力,还教会了孩子们相互尊重、相互谦让、互相合作,学会“玩”的本领。同时,孩子的交往机会不断增加,在活动中,幼儿轮流协商、多人合作、以大带小，他们的思维能力也得到了提升。

围绕"看电影"这条主线，孩子们通过合作、探究，运用数学知识解决实际生活中的问题，这不仅丰富了孩子的文化生活，也帮助他们增长了社会经验，给他们的童年留下了美好的回忆。

生日派对

伴随着欢乐的生日歌，11 个小寿星一起吹蜡烛，围绕着他们，满满都是爱的祝福……每个孩子在花朵幼儿园 3 年的成长时光里，共有 2 次过集体生日的机会，小班和大班各 1 次。到了这一天，一台由幼儿自己策划的节目盛大上演，孩子们都要上台表演，并且邀请身边最亲近的一个人来参加。他们把内心的千言万语，用自己的方式传递给最亲爱的爸爸妈妈、老师和同伴。

我印象最深刻的是 2016 年的一次大班生日派对。"小朋友们，你们知道自己的生日在什么时候吗?"当主持人抛出这个问题时，我原本以为这场生日派对和往常的没什么两样，可随后孩子们带来的惊喜出乎人的意料。"你们知道，在出生前，我们的妈妈有多么辛苦吗?"这时，台下端坐着的幼儿突然齐刷刷地站了起来，每个人肚子上都绑着一袋约 1 千克重的大米，模拟怀孕时辛苦的妈妈。当他们绑着大米，艰难地走到父母跟前时，早已满头大汗。"妈妈，我爱你。"当平日里淘气到让人恨得牙痒痒的幼儿开始认真表白，当孩子第一次主动说"我爱你"，不是为了玩具、零食，不是为了哄生气的父母，只是单纯地表达心意时，爸爸妈妈早已感动得潸然泪下。

感动还在持续，大班的孩子们还演绎了第一天进幼儿园时的情景。第一次进入校门的胆怯，见到园长妈妈和老师时的拥抱，还有第一次与小伙伴们玩耍。"老师，感谢您陪伴着我们一起成长。"在花朵幼儿园的每一天，看似无痕，宝贝们却留下了一段段美好的回忆、一个个难忘的故事、一行行成长的足迹。尽管他们的表演还尚显稚嫩，但情感是最真挚的。尽管他们还很小，但他们也懂得感恩，感恩父母、感恩老师、感恩身边的小伙伴们。"从来不知道孩子的内心是这样细腻，今天是他们的生日，却让我们感到了温暖和幸福。"一名老师这样感慨道。

其实，最令我骄傲的，不是孩子们站在舞台上表演得有多好，也不是拿回了多少奖状，而是幼儿们懂得感恩，并且学会大胆表达。我想，能够做到让他们发自内心地说"爱你"，就是三年幼儿教育提交的最漂亮的成绩单。

每个孩子的成长都有他们各自的节奏，早一点或是晚一点又有什么关系？人生道路那么长，我们能做的，就是在这段时间里，好好地珍惜，耐心地陪伴，静待花开。

相信儿童的成长力量，是我们当下最需要重视的儿童教育观。

在我看来——

有质量的学前教育呼唤有质量的幼儿园课程，优质的教育始终是建立在优质的课程基础之上的。

在我们的课程建构中，我一直向老师们强调，要为幼儿创设一个主动学习的课程环境。主动学习源于支持性的环境，在支持性的环境中，教师注重挖掘各种资源，鼓励幼儿去讨论和实践他们感兴趣的主题和想法。幼儿可以自由地研究材料，在自主探索中实现自己的游戏意图，在运用自己的能力解决问题的过程中不断积累经验。时代在进步，科技在发展，知识在更新，这就需要我们幼教老师不断地去学习、去发现、去探索、去创造。

教育是一种影响，一种非刻意的、潜移默化的、深入人心的影响，教师要在不断完善自我的过程中完成自己的教育使命。无论一线工作如何繁琐、如何劳累，一线教育实践者都要坚定专业方向，不能因千头万绪的工作迷失了树人的根本。幼儿教育发展始终需要被关注与重视，教师只有心中有对童年的珍视、对生命的敬畏，才可能使“知识”充满温暖与爱，使教育行为成为推动儿童发展的力量。

岁月斑驳，我们终将消失在童年的记忆中，但是我们曾以师生的名义在彼此的生命里存在过，互相影响，互相成就，这或许就是教育真正的意义。

第七章　最美不过七色堇(满足孩子)

我们不仅要承认孩子的能力,更要允许他们按照自己的方式去锻炼自己,并且鼓励孩子使用更合理的方式去做,孩子是自己行为的主人。

——蒙台梭利

大自然希望儿童在成人以前就要有儿童的样子。早熟的果子既不丰实也不甜美,而且很快就会腐烂。我们需要的不是年纪轻轻的博士和老气横秋的儿童,而是能持续发展、长大后始终具有无限张力的孩子。这在很大程度上取决于孩子的童年是否快乐、自由。自创园初始,在多年的课程建构中,我园就十分注重幼儿的兴趣、需要,结合园所实际情况,充分利用一切可利用的课程资源,创设有利于幼儿发展的学习情境。在多年的课程探究中,我们在课程建设中强调课程目标设置的完整性与适宜性,保证课程内容选择的生活化与地域化,注重课程组织实施的多样性与活动性,重视课程评价的过程性与个性化。如今,我园已形成了较为完善的课程体系。

现代心理学认为,认知结构起源于儿童和环境的相互作用,是儿童在主动地作用于外部世界的过程中发展起来的。儿童认识世界有其独特的方式,在幼儿的世界中,不完善的逻辑能嬗变为一种诗性的逻辑,不完善的科学会演绎为想象的艺术。儿童正是以这种"融合式"的认知方式来认识世界的,这种认知方式通常外化为幼儿在生活中的游戏。

苏联教育家阿尔金认为游戏是"儿童的心理维生素",孔子也倡导教育要"顺其天性而育之"。既然幼儿的天性是游戏,那幼儿教育首先就要顺从幼儿的这一天性。在花朵幼儿园里,游戏是幼儿最基本、最重要的活动形式。在具体课程实施中,我们以幼儿为中心,以生活、游戏为抓手,不断开发并利用资源,生成或创设主题,为幼儿打造与主题相适应的实习场,提供丰富的、情景化的学习环境,帮助幼儿在真环境中解决真问题,使幼儿的学习变得生动、有趣,并形成自身的课程特色。

值得说明的是,虞永平教授曾指出:"特色从来都不是幼儿园关注的问题,因为真正从幼儿需要出发、充分利用幼儿园资源的课程不可能没有特色。"真正的特色是在长期课程实践中积淀的,不仅包括课程内容和课程组织、实施、评价,而且包括幼儿园所秉持的办园理念、教育理念、管理理念、家园合作理念等,"特色"也是幼儿园园所文化的体现。

我们大班有个主题活动“我家周围的房子”，目标是了解房子的内外结构、建造过程、建筑安全，认识常用的建筑材料等。教师带领幼儿参观、调查周围的房子，认识建筑材料，对房屋进行简单的测量与写生，并亲自制作水泥砖等。最后，实习场活动“造房子”把主题活动推向高潮——幼儿根据各自的兴趣自行组队，先设计、制作简单的建筑图纸，再像建筑工人一样搭建他们心目中的房子。

在实习场活动中，幼儿会面临许多挑战。由于幼儿不知道砖头（纸盒）需要交错搭建才能稳稳地垒高，所以房子搭建到一半，大多就塌了下来。教师及时与幼儿讨论，寻找失败的原因。不巧的是，此时主题活动结束了，实习场活动似乎也要暂告一段落。可幼儿意犹未尽，他们有很多“造房子”的想法还没有实施，很多困惑还没有得到解决。教师们在课程审议时认识到，由于房子的倒塌，幼儿搭房子的需要还没有得到满足；幼儿还没有发现房子倒塌的原因，也一直在讨论房子为什么会塌；最重要的是，幼儿还没有体验到成功的喜悦，而成功的体验对于幼儿的成长来说十分重要。实习场的核心任务就是为学习者提供满足特定学习目标的特定行为或经验的情境与活动。在不断呈现问题的情境中，幼儿不断面临挑战，他们需要探究、操作、比较、交往等，最终解决问题，完成任务，体验成功。所以，我们根据幼儿的兴趣与需求调整了计划，将材料投放在区域中，给予幼儿练习垒高、扎线等技能的机会，不断鼓励幼儿探索材料的数量、重量以及墙体的稳定性、牢固性等问题。与此同时，幼儿把想继续探究的愿望融入角色游戏中，自行讨论并制定游戏规则，游戏中的创造性表现层出不穷：中途有人走了，负责人就临时“招聘工人”顶替；“房子”造好了，没有电和水，他们找来布条，捏了个纸团，捆绑在“梁”上作为电灯，插上弯曲的管状积木就是水龙头；“工人”没戴安全帽“砸伤”了头，送“医院”治疗；在上梁（扎竹竿）时觉得手可能会受伤，去“商店”买了手套……游戏不仅满足了幼儿“造房子”的需要，更激发了他们的探究兴趣，并促使他们不断解决遇到的新问题，累积新经验，获得成功喜悦。

维果斯基认为，在游戏中，幼儿的表现总是超越当前发展水平的，游戏是幼儿发展的源泉，所以成人应该以丰富的游戏情节来促进幼儿的自我发展。这种让幼儿真正实践现实生活中角色的行为、解决遇到的真实问题和挑战的学习方式，促进了幼儿在认知、社会性以及创造性方面的发展。实习场与特定的材料相联系，而幼儿使用材料的经验需要在不断的重复中练习、巩固、调整、提升、累积。幼儿与材料互动的时间越长，在探索过程中获得的对材料的认知就越多、越科学，在探索过程中获得的情感体验也越深刻。

花朵幼儿园的课程是基于“游戏精神”开发的生活化、游戏化的课程，通过教学活动的游戏化以及与主题相关的区域游戏、规则游戏的开展，为幼儿提供多样化的学习方式和学习内容。此外，我们还充分利用户外空间优势，鼓励幼儿彼此间进行积极的互动。而正是在这样的协作和对话中，幼儿找到了属于自己的思考空间。高质量的课程能促进幼儿全面发展,能让幼儿在真实或模拟的情境中通过操作与探究获得完整、连续的经验,能让幼儿主动学习、勇于挑战,能让幼儿在轻松、愉悦的状态下进行学习。实习场活动作为一种独特的课程内容,能最大程度满足幼儿的兴趣和发展需要,提升课程实施质量。

我的教育故事——

学做小客人

刚刚来到幼儿园的小朋友,还无法摆脱对父母的依恋,对周遭的一切也会感到陌生。他们常常会看着旁边的小朋友,心想:他们是不是也会想自己的爸爸妈妈呢?他们的家是什么样的?他们在家里会做些什么呢?

为了消除小朋友彼此之间的陌生感,我们发起了“学做小客人”的活动。很多家长反映,在孩子没有开展这个活动之前,他们也会教孩子去别人家做客时的一些礼貌言行和规矩,但总是觉得太空洞。让他们感到惊喜的是,孩子亲自体验过,再去别人家做客时就显得落落大方、彬彬有礼了。

在活动进行之前,我们会先进行一个调查,看看哪个小朋友的家离幼儿园比较近,家里空间相对比较大,这样便于容纳更多的小朋友。然后,我们会跟家长进行沟通,在征得家长的同意后,班级里所有的小朋友便可以去做客了。

接下来,就是小朋友们的准备时刻了!说起要去同学家做客,小朋友们都有些好奇和兴奋,一双双机灵的小眼睛中闪烁着喜悦。

活动开始前,老师会提前告诉他们作为小客人的注意事项。学做小客人这门课程的开设,其目的除了要增进小朋友间的了解之外,更重要的是让小朋友们学会如何与别人礼貌地进行交往。

老师们会针对性地为孩子们讲解如何做一名合格的小客人。比如到别人家里去做客,最好要自备一个小水壶,方便喝水。此外,由于该活动开展在开学初,天气还比较炎热,老师还会提醒孩子们,在去做客的路上戴一顶小太阳帽。抵达做客地点后,小朋友们还要注意礼貌,带头的宝宝要先敲门,征得主人的同意后方可进入房间。进入房间时,小朋友们要保持安静,注意秩序。

由于老师在预先谈话的时候已跟孩子们讲过注意事项,所以在去别人家里做客的过程中,小朋友们一般都表现得比较规矩,基本能够做到在小主人的带领下参观,并且不乱翻别人家的东西。另一边,作为“小主人”的小朋友,也有了待人接物的意识,甚至会主动请求爸爸妈妈帮忙准备巧克力和牛奶等食物,分享给前来做客的小伙伴们,发自内心地流露出“有朋自远方来”的欣喜。

家园共育是幼儿园工作的重要组成部分，它的成功与否直接关系到幼儿能否全面发展，关系到幼儿园工作能否顺利开展、资源能否充分利用。在“学做小客人”课程开展前，我们一般会与家长沟通，课程的目的是让孩子们自由简单地交往，增进彼此之间的感情，不要准备太过昂贵的食物，每个小朋友一个橘子或比较方便吃的小水果就好。

通过学习做小客人这一实践课程，幼儿之间可以快速熟络起来，也能学习一些与人交往的必备技能，有助于培养他们的独立意识和交往能力。利用拟真的生活场景，引导幼儿进行探究性、合作化和创造性的学习，让幼儿在做中学，从而关注生活，获得成长。

随着幼儿们生活的丰富和交往的不断增多，他们有机会与更多的人和事接触，同时，他们的角色也在不断地变化——在家是小宝贝、小主人；在外是小朋友、小伙伴；有时也会扮演小客人这一角色。由于年龄和经验的局限，如何进行角色的互换，如何顺利地与他人交往，是幼儿面临的一个难题。学习做客时的礼貌用语，尝试在不同的环境中与他人交往，以增强其社会适应能力，将会使幼儿终身受益。

一起玩泥巴

如今的儿童大都生活在规划有序、高楼林立的都市之中，与大自然之间难免会有隔阂。但很多宝贵的童真与野趣，恰恰是要通过与自然的不断接触才能获得。所以，我们在进行课程设置时，就想到要设置一些能够让孩子接触自然、亲近自然的课程——“宝贝泥土”就是一个非常受孩子喜欢的主题。

不过，我们在最开始有这个想法的时候，其实进行了很多次的探讨。有一些年长的老师非常赞同，因为在他们的童年经验里，玩泥巴是再正常不过的事情。我就记得在我小的时候，每次玩泥巴都玩得很开心。

但也有一些年轻老师站在他们的角度提出了反对意见。他们觉得泥土里有太多的细菌，不够卫生，可以用面粉代替。但如果用白胶泥或面粉替代泥巴，这个主题也就失去了最初的意义。另外，教学活动一般只有 15 分钟，小朋友到户外去玩泥巴，来来去去，又要喝水，又要小便，回来还要洗手，怕是很难实现教学效果。

后来，在综合考虑之下，我们就提出了一个建议：由老教师带着年轻教师一起，去实地考察体验。后来，年轻教师也同意试试带孩子到运河公园去，看看他们究竟喜不喜欢玩泥巴。

说干就干。有经验的老教师迅速安排孩子们准备相应的工具，比如挖沙的勺子、耙子、小铁锹、小桶、小盘子等。年轻的教师因为没有经验，第一次时，有的老师会忘记让小朋友准备工具。但两三次活动体验下来，大家都认可了这种课程模式，也越来越得心应手。

在玩泥巴的过程中,小朋友们也会有很多收获。比如有的小朋友会发现土壤太干了,有的小朋友会告诉老师用金属的工具挖土更方便,还有的小朋友从土里挖出西瓜虫、贝壳等,会开心老半天,就像挖到了宝藏一样。孩子的快乐就是这么简单。

到后来,很多小朋友的家长、我们的保育员阿姨都习惯了把挖出来的泥土保存下来,方便小孩子玩。至于怎么玩,老师们也有不同的意见,有的老师认为还是要教一教,有的老师却觉得应该让孩子自己探索。我们最终采取的方式,就是幼儿自主探索加教师适时的引导。

在班级中,有很多小朋友用来喝水的不锈钢杯子,当坏了不能使用时,这些杯子就成了最好的储存泥土的容器;还有平常不用的矿泉水瓶,剪下一半也能用来做容器。在动手的过程中,小朋友们不仅收获了快乐,手指也得到了充分的锻炼,学会了科学探究。

花朵幼儿园课程最大的特色是基于生活化、游戏化理念,利用一切可利用的资源,建构出一套游戏式的"花朵课程"实践框架。孩子们穿上防水鞋,卷起袖口,在泥土上挖出一条大河,在河上面架桥……当孩子们大胆、积极地用泥土进行多种活动时,就能了解泥土的多种用途,丰富自身有关泥土的各种经验,同时养成关爱周围环境、乐意亲近泥土的情感。自此,花朵幼儿园的"泥土情节"就这样扎根在了每一个花朵人的心中。

打水仗

说到带孩子玩,很多人会想到昂贵的夏令营、装饰华丽的游乐场,但实际上,自然界中很多宝贵又好玩的东西都是免费的。正是在一次又一次接触大自然的过程中,孩子们学会了欣赏真正的美,获得智慧的增长。

不过，我们在设计活动的过程中，一定要挑选孩子感兴趣的、喜欢的项目，打水仗就是非常适合的活动。经过我们调查了解，现在的孩子平时都比较循规蹈矩，加上场地有限，一般很少能体验到打水仗的乐趣。但玩水一直都是孩子们最喜欢、最感兴趣的活动，他们对打水仗这一游戏普遍表现出了浓厚的兴趣。于是，我们针对不同年龄段的孩子，设置了不同的打水仗的方式。也就是说，看似简单的打水仗游戏，里面也暗藏“玄机”，小班有小班的打法，大班有大班的打法。

以小班的孩子为例，我们会请家长为每个孩子准备一把水枪。很多孩子把水枪拿到幼儿园来的时候，竟然连包装塑料薄膜都没有拆开，还有一些女孩子不会玩水枪。这个时候，老师就会请会玩水枪的孩子教不会玩的孩子怎么玩。在这个结伴学习的过程中，小朋友们不仅体验到了玩水枪的乐趣，还学会了团队协作和互相帮助。

其实，让孩子用水枪打水仗的过程，实际上也是一种探究学习，是对小朋友综合素养的一次提升。

从应该怎么玩玩具，到如何动手打水仗，小朋友们可以说是收获颇丰。在打水仗之前，老师们一般还会让小朋友们准备一双鞋套、一件雨衣，然后跟孩子们一起讨论：哪个地方能打，哪里不能打，比如小朋友的脸，就是不能打的地方。

其实，儿童的情感很丰富、很浓烈，在打水仗的过程中，有时一玩起来就会忘乎所以，这时可能就不太会去考虑是否会打到别人。而在游戏的过程中，当一个小朋友被另外一个小朋友打到脸部，就很容易产生冲突。

这时，我们老师就会告诉小朋友们，既然决定要加入打水仗的游戏，就要学会好保护自己，学会躲避“子弹”。假如在“打仗”的过程中不小心被对方误伤了，也要学会原谅别人，因为这些碰撞都是正常的，小朋友也不是故意的。

大班在玩打水仗时，难度会升级，通过小组作战的形式，比出胜负。在炎炎夏日里，孩子们在水的世界里尽情交流、亲近、沟通，增进相互之间的亲密感情，提高合作交往能力，培养团队意识，同时体验夏季生活的乐趣。孩子们爽朗的笑声和四处飞溅的水花，共同谱写出了一场别开生面的夏日乐章。通过这次活动，孩子们摆脱束缚、亲近自然，真正体验到了玩水的乐趣。

有时，我们也会组织亲子活动，邀请爸爸妈妈一起来参与。这时候就会发现，很多家长也是长不大的孩子，在打水仗的过程中，他们也会收获很多乐趣。与此同时，他们自己也会更加理解，小朋友在玩耍时，难免会有些磕磕碰碰。要让儿童亲自体验生活，感受生活，才能收获真正的成长。

优质的幼教课程，一定可以满足儿童多样化发展的需要，能够充分激发儿童的学习兴趣，且符合儿童的学习特点与规律。我们的教师擅长在生活游戏中鼓励孩子发现更多美好的事物，并尝试用各种方法进行表达。通过游戏化课程，不仅可以锻炼、培养幼儿的主动意识、合作精神、探究意识、想象能力和创造力，也能引导他们更加积极主动地进行学习。

不过，游戏虽然是幼儿自主自由的活动，但并不意味着成人或者教育者对游戏中的幼儿可以放任自流，缺乏指导的游戏也不利于幼儿自我提升。因为幼儿游戏的过程，同时也是教师给幼儿施加教育影响的过程，所以在幼儿游戏的过程中，教师应该合理地对幼儿进行一定的指导，以保证课程实施的质量。

腌鸭蛋

在生活化、游戏化课程的大背景下，腌鸭蛋成为了花朵幼儿园的经典活动之一。

之所以会有腌鸭蛋这一活动，有两大原因：一是其制作过程较为简单，孩子容易上手；二是在后期，制作完成的美食方便师生举行相应的品尝活动，让孩子享受收获的乐趣。杜威也认为，如果幼儿急急忙忙、漫不经心地从一事改做另一事，事事都是昙花一现，就丝毫没有生长的积累。同时，一件事情如果没有和幼儿过去的活动联系起来，幼儿就无法深刻理解获得的经验，也无法建立起前后经验的联系。腌鸭蛋这个活动有一个持续的过程，而且鸭蛋是小朋友们在日常生活中经常见到、吃到的东西，相对来说比较熟悉。这就又体现了我们课程设置的一个特点：从日常生活出发，发掘出孩子可能感兴趣的东西，从中收获丰富的生活经验，使孩子得到成长。

在亲自动手腌鸭蛋之前，老师一般会和孩子们一起探究：都有哪些动物是从蛋壳里出来的？又有哪些动物不是从蛋壳里出来的？在这个思考和讨论的过程中，孩子们就能获得很多经验。

在操作的过程中，小朋友们会发现蛋壳比较容易碎，所以都会小心翼翼地操作。然后，他们就会日日盼、夜夜盼，每天都在思考什么时候才能吃到可口的咸鸭蛋。好不容易挨到了立夏，小朋友们的辛苦努力终于迎来了收获，美味的咸鸭蛋终于做好了！

对于小班的小朋友来说，基本上需要在爸爸妈妈一起参与的情况下才能腌好一份咸鸭蛋，可能成就感不是十分强烈。但独立制作咸鸭蛋的中班和大班的孩子就会十分兴奋，品尝着胜利的“果实”，别提有多开心了！对于孩子来说，腌鸭蛋是一次特别美好的回忆。从选鸭蛋到洗鸭蛋，再到选择腌鸭蛋的材料，每一个环节都充满了欣喜。起初，大家会一起讨论腌制咸鸭蛋的多种方法，经过筛选之后，大家一致同意选用干腌制的方法，因为这个方法准备材料比较容易，而且周期短。活动中，孩子先听老师介绍材料、讲解方法，然后就开始动手制作。整个活动过程中，每个幼儿都很投入。最后一步，孩子们把鸭蛋晾干后，在鸭蛋上写上自己名字或做上属于自己的标记。

老师们在腌鸭蛋活动里主要负责看管好各种瓶瓶罐罐，因为它们都是孩子的心血。花朵幼儿园里所有的工作人员都有课程意识，哪怕是食堂的工作人员，也会一起为课程服务。每次看到这些瓶瓶罐罐，大家都会小心翼翼，生怕破坏了孩子们的劳动成果。

每隔一段时间，孩子们就会来看一下这些自己做了特殊标记的瓶瓶罐罐，在心里默默盘算着日子。开封后，孩子会先动手洗掉鸭蛋上的泥土，像对待一件珍贵的“宝物”似的，小心翼翼地洗上好多遍。

有的小朋友会将腌好的鸭蛋带回去送给爸爸妈妈，在这个过程中，他们又收获了分享的乐趣。当孩子们有了一个固定的目标，为了完成一件事情而全神贯注，就会更加珍惜劳动果实，体会到动手的乐趣。在朴实的生活中学会收获与感恩，每个幼小的心灵都收获了感动与成长。

腌鸭蛋的活动是生活化、游戏化课程的一个缩影。幼儿身心发展的特点与学习方式的特殊性，决定了儿童发展的课程必须是生活化、游戏化的，只有生动活泼、丰富多样的课程才能真正满足儿童的兴趣和需求。我们将幼儿的生活变成课程的一部分，在生活中教育，在教育中生活。

寄信去

在游戏中学会认识大自然，习得社会生活经验，是我们游戏课程的宗旨。所以，我们的课程需要充分利用社区资源。

有时，我们会发起一个调查，让小朋友们了解自己生活的社区附近都有哪些建筑，如超市、卫生中心、邮局……几天调查下来，小朋友们会对自己生活的社区有更加深刻的了解。

综合小朋友们的调查结果，我们锁定了“邮局”这一目标，让小朋友进行体验式学习。我们选择的主要体验方式，就是教小朋友们学会寄信。

首先，我们会带小朋友们参观邮局，了解详细的寄信方式。邮局对现在的孩子来说是比较陌生的，只知道是寄信的地方。对于为什么要寄信以及怎么寄信，大部分孩子并没有相关的经验。

然后就到了写信的环节。幼儿一般会通过绘画的形式进行表达，在此过程中会收获一定的有关写信的知识与经验。给家人写信这一活动，可以启发幼儿把自己的心里话或平时想对家人说又没说出口的话，通过另一种方式传递给家人。

写信是一种很好的交流情感的方式，因为中国人比较含蓄，有的时候面对面不一定好意思说的话，就可以通过写信来表达。孩子们在讨论写些什么的过程中，会进一步激发他们对家人的爱，同时也更深地感受到家人对自己的关心和爱护。此时，孩子们的心情是喜悦的，内心是温暖的，他们体验到了写信与直接交流给人带来的感受的不同。从与孩子们的交流中，我们可以捕捉到许多信息，体会到孩子们在写信成功后的自豪感。

大部分小朋友还不识字，他们主要是通过绘画的方式表达心中的想法。比如他们会通过绘画表达自己对爸爸妈妈的爱，有的会画出希望爸爸妈妈带自己到哪里去玩，有的则希望爸爸妈妈给自己买一本书或是玩具，总归会有自己独特的表达。写好了信之后，老师会带领孩子们买邮票，再寄到相应的地址。

在参观邮局与寄信的活动中，幼儿通过观察、询问邮局工作人员以及亲身体验寄信的过程，这是一种学习方式，也是一种获取知识经验的过程，真正体现了“生活即教育，社会即学校”的教学理论。把知识传递与生活游戏相结合，也会促使幼儿对学习更感兴趣，收到意想不到的效果。

过了一两天，信就寄到了。看到宝贝寄来的信，爸爸妈妈一般都会很激动，也会觉得幼儿园这个活动很有趣。每当这时，老师就会鼓励爸爸妈妈给宝贝写回信。

当孩子们每天餐后睡觉前，老师就会拿出爸爸妈妈的回信，给全班小朋友读一读。很多爸爸妈妈写的信都饱含着深情。

其中有一个妈妈写的信，我到现在都还记得。她说：“宝贝长这么大了，从你出生到现在，你一天都没有离开过妈妈，没想到今天我收到了我的宝贝写的信，真的是好感动。”妈妈回忆了宝宝成长过程中的点点滴滴，读着读着，老师的眼眶也有点湿润了，再看看我们的小朋友，眼睛也是湿润的。

结合主题教学，幼儿了解了信的基本结构，认识了信封、邮票、邮政编码等，学习了写信、寄信、收信的交流方式，体会到人与人之间最珍贵的情感，也学会了如何表达自己的情感，感受到了美好的爱。这种经验只能在实践中直接获得，绝不是仅仅依靠书本知识就能够体验到的。

对幼儿来说，通过直接感知、亲身体验、实际操作获得的经验更加地深刻。经验获得的过程其实就是行动、做事、全身心参与的过程。就像寄信一样，虽然随着时代的进步、手机通信的使用，幼儿能够体验到写信、寄信、收信感受的机会越来越少，但是我们通过创设主题活动，让幼儿亲身参与其中，在真实的情境中去体验，感受信的魅力，也让幼儿对我们周围生活的世界再多一点点了解。

我的购物计划

社会生活中往往藏着最好的教育素材，花朵幼儿园课程的内涵之一，就是让孩子在社会生活中模仿成人，从而收获知识，得到启迪。因此，我们为孩子设计了一个有关购物的活动。

天微微冷，花朵幼儿园的小朋友们整装待发，他们要去超市感受真实的购物乐趣。只见孩子们手拉手，有序地走进超市。看着超市里琳琅满目的物品，小朋友们开心到眼睛发光，一个个七嘴八舌地说道："哇，好漂亮呀！""这个看起来好好吃！""我想买这个！""我想买那个！"……

实际上，孩子们对于超市并不陌生，但让他们自己拿着钱来购物，这还是第一次。所以，他们刚进超市，就已经迫不及待地要去挑选商品了。看来，小朋友们都有自己的购物目标呢！在购物之前，老师会教孩子如何辨认商标，如何索要发票。

其实，对于小朋友来说，用多少钱能买到什么东西，他们并没有什么概念。有的时候，他们做完了购物计划，结果拿 5 块钱去买时，才忽然发现钱没有拿够。有的东西他看中了，却因为钱没带够而买不到。

让我们感到欣喜的是，孩子们的随机应变能力远远超出了我们的想象。我印象很深的一件事，是有一次两个孩子的计划做得很好，但遇到了突发状况后，两个人学会了主动调整计划。原来，他们带的钱买不到自己想要的物品时，竟然想到了两个人组合，共同将一件商品买下。在此过程中，老师们也不得不感慨，我们的孩子真的很不简单。

购物结束，收银员阿姨会告诉小朋友们："小票一定要拿好了。"可是小票是干什么的呢？老师这时就会告诉他们，小票上面写了他们买的物品的名称、价钱，还有应该找给他们的零钱是多少。当孩子购物结束之后，老师会帮孩子一起分析，看看他们的计划是否圆满完成。

原来，看似简单的购物活动，也可以是一种学习。超市购物社会实践活动，老师将课堂由园内转向了园外，孩子们在实践中感知钱在生活中的作用，体验购物的快乐，通过排队等候，懂得要遵守公共场合的秩序，孩子们的社会经验也得到了不同程度的提高。

除了锻炼实际的操作技能和沟通技巧外，购物活动还能让孩子意识到，买东西时，做好计划很重要，不能见到什么喜欢的都买。这样在以后跟爸爸妈妈一起外出购物时，孩子们再看到自己喜欢的物品，就会经过慎重考虑，再决定是否有必要购买。对他们来说，这次活动也是难得的成长锻炼。

自己做午餐

儿童也有丰富的生活经验，如果让他们独立负责自己的伙食，那么他们就会像大人一样，仔细规划该如何合理地安排。我们开展了“为自己做午餐”的活动，在动手为自己做午餐之前，小朋友们首先会向大人请教如何做到营养搭配，然后他们自己会做好分工，谁去幼儿园的种植地里拔青菜，谁去菜市场买其他没有的食材，比如豆芽、包菜、虾等等。

小朋友从幼儿园到菜场需要穿过一条马路，因此在孩子去采购食材的路上，我们一般会选择一些家长作为志愿者，由他们负责看管四五个孩子，保障他们在采购路上的安全。

我们也会提前对家长志愿者进行专业培训，他们会做到给孩子充分的自由，只负责安全问题、留好相关的购物凭证，不对孩子进行过多的干扰。

在买菜的过程中，我们惊喜地发现，儿童竟然也会像大人一样货比三家。有一次，一个小朋友拿了100块钱，得知一个摊位的虾是28块钱一斤，而另一个摊位的是20块钱一斤，一开始他想买便宜的虾，但小朋友们在一起商量之后，怕买回不新鲜的虾会让大家吃坏肚子，最终还是决定买28块钱一斤的。到蔬菜区之后，他们又经过一番挑拣，选出最物美价廉的食材。所以，整个买菜过程，其实就是一个学习的过程。

食材买好之后，孩子们就要动手做饭了。一开始，老师也会感到有压力，怕小朋友伤着自己。有些孩子一开始也会害怕，这时老师就会适时引导他们，认识到刀子的危险在哪里，以及应该如何正确使用刀子。

有一次，我看到一个小朋友帮忙剪虾，很多家长可能以为孩子会害怕，但实际上他们一点都不怕，甚至还说没什么可怕的，虾又不会咬人。在动手的同时，孩子们收获了很多快乐。现在很多家长不会主动培养孩子做家务的能力，但实际上，生活中处处有学问，通过锻炼孩子做家务的能力，也是对他们综合素养的极大提升。

其实，孩子的特性就是很喜欢动手，哪怕是吃饭、做饭这种常规活动，都是很好的教育资源。但在平时生活中，家长出于各种考虑，有时会剥夺孩子的动手机会。自己做午餐这件小事，就是鼓励孩子们从生活小事做起，学会自己动手做一些力所能及的事。无论是一起去买菜还是合伙做菜，都可以让他们学会与别人交流、合作。

后来，有家长反映，看到孩子回家后熟练地洗菜、娴熟地用刀、吃完后收拾餐具，的确感到很惊喜，也很感动。通过孩子学会自己做饭这件事，家长认识到孩子远比父母想象中的更坚强、更聪明、更有潜力。

美食广场

五一劳动节，幼儿纷纷表示想要亲身体验一下工作人员的快乐与艰辛，于是我们通过与幼儿共同讨论，实地参观幼儿园附近的生活广场后，决定尝试在幼儿园开展生活实习场“美食广场”活动。根据幼儿的想法，教师前期也做了充分的准备，在审议中例举了一些美食广场供家长参考，如绿宝广场负一楼、龙湖天街负一楼、新光天地七楼和负一楼、星海广场、永旺以及石路天虹等。家长和幼儿利用双休日的时间一起去参观，重点参观的是售卡台、售卡过程、环境布局、购买付款过程。

之后就进入准备阶段了。教师与幼儿共同讨论制作各班美食的品种、材料，幼儿们结合自己的生活经验，考虑到美食广场的美食要中西合璧、干湿搭配。一切都准备就绪了，我们进行了试吃活动，活动后幼儿会给自己喜欢的美食“点赞”。

“厨师”们穿戴整齐，技术娴熟，工作起来别提有多利索了。“服务员”工作起来细致周到，擦桌子、送餐井井有条。美食广场中的美食琳琅满目，味道一个比一个好。

在试吃过程中，孩子们也发现了很多问题，比如有些班级的美食并不受大家欢迎，可能是因为口味不好、品种单一、造型不够美观等。最后各班进行了调整，并依据问题调整了菜谱。此外，幼儿们还制作了美食卡，手撕式的美食卡便于对每个摊位售出的食品数量进行统计。为了更好地开展活动，小朋友们还以图加文的形式制作了美食广场的海报和宣传单。在各班进行美食宣传后，我们还设计了调查问卷。孩子们还根据已有经验,制作了一些小赠品,如龙猫小玩具、卡通装饰物等等。

在美食广场里发生的一个小事件,还引发了一场大讨论。售卡处的工作人员在给顾客发美食卡的时候,其中一个小顾客的钱不小心掉进了下水沟。因为没有钱买东西,小顾客就在现场哭了起来。这个时候,售卡处的工作人员从收款盒里拿出了钱给小顾客,并安慰他不要哭。其他的小顾客看到了工作人员的行为后,立即进行了热烈的讨论,最终达成了一致的观点——售卡处的工作人员帮助别人是对的,但应该用自己的钱,而不是用收款盒里的钱帮助他。看吧,孩子这么小就已经有了辨别是非、独立思考的能力。

在举办美食活动的过程中,幼儿根据自己参观的经验,提出美食广场中要有售卡员,美食柜台前要有收银员、厨师和服务员。此外,我们还在美食广场里增加了小记者和摄影师。孩子们从调查身边的工作人员入手,开展了“小记者”活动。在这个活动中,小朋友们根据讨论,制订了采访计划,并以小组形式进行采访,分别对幼儿园园长、厨师、保安、老师、阿姨、保健医生进行相关采访。采访结束后,幼儿们一起将自己的所见所闻结合照片、采访稿整理成了采访小报。

“美食广场”活动是我们幼儿园经典的主题活动之一。美食广场让幼儿在真实的情境中学习,去操作、交往、协商和体验,将自己的所学在真实的情境下运用,在这个过程中提升解决问题的能力、社会交往的能力以及语言表达的能力。美食广场也是幼儿最喜欢的活动之一。在这里,孩子们自主设计、自己操作,制作、品尝、贩卖各种美食,用游戏的形式重现了生活的场景。不同的是,在这里,孩子们才是主角,他们有自己的判断、自己的操作、自己的感受,在自由、自主、创造的氛围中提高了综合实践能力。

好吃的西餐

大班“全世界儿童是一家”主题活动的目标是引导幼儿了解世界各地的自然环境、人文风俗，理解世界各地的文化，激发幼儿对世界各地人们的生活、活动的兴趣。其中“认识西餐”的活动在课程初始阶段是以集体活动的形式来呈现的，但教师们在课程审议时一致认为，这样富有生活气息的活动，如果只是通过集体教学，孩子们的体验不会很深刻，因此应创设相应的环境，让幼儿参与制作和品尝西餐。于是，师幼共同设计了小型实习场活动——“好吃的西餐”。在家长的帮助和支持下，幼儿带来了制作西餐的各种原料。教师通过视频，让幼儿了解西餐的简单制作方法以及吃西餐的礼仪，然后孩子们分组制作西餐，最后一起品尝。

一段时间后，我们慢慢地发现，在这样的安排中，“好吃的西餐”这一活动的完整性被一日生活的其他环节割裂了。幼儿的操作与体验都是蜻蜓点水式的，而且幼儿的参与性也不强，家长包办了采购的过程，幼儿失去了计划、购买的机会。“怎样才能使实习场活动与一日生活更好地融合，让幼儿有充分的时间去参与和体验，保证幼儿经验获得的深刻性与完整性”成为我们重点思考的问题。

经过多次研讨，我们决定由两个班级结对开展活动——一个班级的幼儿负责“开西餐厅”，另一个班级的幼儿吃西餐。随后，两个班级互换。“开西餐厅”的幼儿必须了解常见西餐有哪几种，分别由哪些材料制作而成。经过讨论及计划，他们分成三组，分别负责三道菜——前菜色拉、主食三明治和罗宋汤。孩子们先讨论好要买的食材及其数量，第二天在教师的带领下分组去超市采购。在制作西餐时，他们不仅要考虑人数，计划菜的数量，还要考虑不同人的口味和胃口。有些幼儿想得还比较周到，他们提议，为了防止有些客人没吃饱，可以多做几份西餐以备用。制作完毕，他们就着手布置餐厅，开始接

待“顾客”。另一班的“顾客”穿着“正装”进入餐厅，品尝美味佳肴。下午，两个班级都进行了集体分享交流，幼儿更多的是分享开心的经历和感受，也有的孩子谈到了自己遇到的困难。比如，有幼儿说：“我吃一个三明治觉得不饱，就要了第二个，后来有点吃不下了，但不能浪费，还是吃掉了，觉得太饱了！”老师随即引导幼儿讨论如何解决这个问题。很快有幼儿提出，可以制作一些小三明治，“将一个面包按两个对角切，变四个。”从而顺利解决了问题。通过这样的交流与分享，教师了解到许多自己观察不到的、有价值的信息，并据此引导孩子继续讨论，寻找解决办法，提升经验，同时可以锻炼幼儿的语言表达能力，培养分享的习惯。

在这次持续两天半的较大规模的、较完整的实习场活动中，幼儿带着任务，围绕事件的主线，努力、专注地做事，积极应对与解决遇到的困难与问题。从原本仅利用一日活动中的几个环节开展活动到历时一整段时间的参与和体验，从仅有的集体活动与区角活动到幼儿全程参与的模拟性生活实践活动，实习场活动丰富了课程的形式和内容，使幼儿的经验更为连续、完整和深刻，这对于幼儿发展具有积极的作用。

“参与”是幼儿学习的主要途径，实习场强调让幼儿在真实或拟真情境中学习，利用真材料，解决真问题，不再是教师讲，幼儿听，而是让幼儿做事以积累经验。实习场模拟现实生活中的场景，幼儿进入实习场，成为其中特定的角色，练习特定的行为，感知了这一特定场景中的事物、规则，解决了情境中遇到的问题与困难，体验了某一情景下不同角色的行为和情感，进行了换位思考，获取了完整的经验。

做美食小站

在我们的周围，有许许多多不同的房子：有现代派的“靴子楼”“秋裤楼”，有古典派的苏式园林建筑，还有充满了异域风情的奕欧来小镇等等。现在，我们的小朋友们也想造一幢属于自己的房子。这不，各班的小小建筑师们已经开始忙碌起来啦！

首先，幼儿们对着班级的餐厅讨论起来，想要对餐厅进行“扩建”，可是教室只有这么大，在哪里扩建呢？这时，有幼儿想到自己看过“移动的城堡”，提议可以制造一间和餐车一样移动的、特殊的房子，这样既不会太占地方，同时也能拓展餐厅的业务。

就这样，我们开始“造房子”了。小朋友们先画出了房子的“设计图”，又通过投票的方式，选出了一座特殊的房子“美食小站”。紧接着，大家一起去木工坊收集了大小、厚薄都合适的木板，就开始工作了。

在建房子之前，小朋友们又开始了激烈的讨论：“我们的美食小站到底要做多大、多长呢？”“肯定不能太大！”“但是也肯定不能太小！”“要不我们和班级的餐桌比一比？”“那么，该怎么比呢？”“我们用记号笔来测量一下餐桌和我们小站的大小吧！”

在七嘴八舌的讨论中，小建筑师们的建筑方案逐步成型。确定好美食小站的大小

以后，小小建筑师们就进入木工坊开始分工合作，经过讨论和试验，他们拼出了一个“车厢”。然后，幼儿们拿起白乳胶、双面胶，纷纷试了起来。不过，因为白乳胶、双面胶难以固定，最后小站的制作以失败告终。

但是，我们的小朋友没有认输。有的小朋友想起我们班级的餐车是由很多支架构成的，提议可以制作一个木头的框架，最后把木板贴上去。大家觉得可行，就开始尝试。这一次，幼儿选择了比较窄的长条木块来制作，锯的锯、钉的钉，一起制作木框。完成后，孩子们把木框和车厢的大小比对了一下，发现刚刚好！于是，大家拿起锤子、螺丝刀，把车厢和轮子都固定了起来。

经过多次选材尝试，孩子们最后选取了较轻的 KT 板，裁剪、测量好适合的布料并粘贴，顶棚就大功告成了。随着顶棚的安装完毕，小朋友们亲自制作的美食小站也就正式完工了。“快来买吃的啦！这里有好喝的饮料哦！”伴随着叫卖声，“美食小站”正式开张啦！孩子们纷纷围了过来，不一会儿就挤满了人，今天美食小站的生意可真是好呀！

实际上，美食小站只是花朵幼儿园一个大班的建筑作品，除此之外，我们还有绿色精灵房、蒙古包、彩虹房、图书馆、莲花房等各种主题、风格不一的建筑，有时连老师都不由得为孩子们竖起大拇指。这些小小建筑，充分体现了幼儿的创新能力和动手能力。

活动材料作为幼儿园教学、幼儿活动必不可少的物质载体，对幼儿自主学习和全面发展有重要的价值。幼儿借助物质材料直接操作，实现着对物质世界的认识探究和对知识经验的主动建构。我们在为孩子提供材料的同时，也会注重材料开发和选取的多元性和实用性，挖掘材料的本体价值和可能价值，以此促进他们自主学习能力的提升。

在建房子的过程中，孩子们要学习操作常用的木工工具，并体验锯、刨、钻、钉等基础操作技能，尝试做出简单的、真正的木制材料。同时，我们还会鼓励幼儿自己动手做砖。希望通过这些 DIY 活动，孩子们能充分发挥自己的创意，综合运用已有的知识，锻炼操作能力。

昆虫化装舞会

幼儿园户外活动是幼儿园课程实施的重要组成部分之一。在传统的幼儿园户外活动的设计与开展过程中，更多地会将户外活动定位于“体育活动”，挖掘其在促进幼儿身体动作方面的潜力。事实上，户外活动中蕴藏着丰富的教育资源。如何更好地挖掘其中的教育价值,将其与幼儿园的课程有效整合,从而促进幼儿的全面发展,是每一所幼儿园都应该用心研究的课题。

科学家法布尔专注研究昆虫,著成了《昆虫记》,帮助我们认识昆虫,了解昆虫在自然界中的重要作用。在决定进行昆虫主题活动之前,我们遇到了一点小波折。原来,大班开展了系列主题活动"虫儿飞飞飞",教师设计了许多调查表,让幼儿周末和爸爸、妈妈一起对所住小区的昆虫情况做一个调查,而后让孩子们相互交流周末了解到的有关昆虫的情况。然而孩子们看起来对此活动都没什么兴趣,致使这一活动的实施效果很不理想。教师因此得出结论,觉得孩子们似乎对昆虫根本不感兴趣。

然而,我们并没有放弃这个带领儿童认识大自然的宝贵机会。于是,我们的教师组织孩子们去附近的运河公园远足。在远足活动中,小朋友对捉到的蚱蜢十分感兴趣,提了不少问题,并就这些问题展开了初步的讨论,提出了很多假设与猜想。可见,孩子们实际上对昆虫还是很感兴趣的,前面的活动之所以无法吸引他们参与,关键是教师的教育手段与方法过于陈旧,教师很大程度上仍然对传统的上课模式念念不忘,而忽略了儿童自身的生活经验。

原来,孩子们对大自然有着最敏锐的直觉和最美好的憧憬,对昆虫更是充满好奇。于是,我们跳出传统的思维方式,提议让孩子们先捕捉蚱蜢,再让他们饲养、观察蚱蜢,等幼儿产生浓厚的探究兴趣后,再引出对其他昆虫的介绍。

小朋友们对昆虫产生了浓厚的兴趣,纷纷带来了工具,想要捕捉昆虫,有瓶子、罐子、盒子、铲子……经过尝试之后,小朋友们对这些工具并不满意,于是决定自己制作捕虫工具。回家后,他们收集了一些废旧材料,对自己的捕虫工具进行了修补和整改。在这个过程中,幼儿对昆虫的兴趣越来越浓。

在捕虫活动中,只有少数幼儿捕到了昆虫,回班级之后,教师请成功捕到昆虫的幼儿分享各自的捕虫经历,并引导没有捕到昆虫的幼儿总结捕虫失败的原因。捕虫成功的幼儿很热心地向大家介绍了经验,包括寻找昆虫栖息地的方法、捕虫工具的正确使用方式、成功捕虫的动作要领等。

随后,教师组织幼儿再次到公园进行第二次捕虫活动,第一次没有捕到虫子的幼儿,这次充分借鉴了他人的成功经验,改变了自己的方法,成功地捕捉到了昆虫。之后,幼儿对自己捕捉到的虫子进行了深入的研究。两次捕虫经历,帮助幼儿系统地了解了有关昆虫的知识,使幼儿对昆虫世界有了更深入的了解。

每次捕到虫子之后,他们都会对带回来的昆虫进行仔细观察、研究,还会主动查阅书籍，了解更多关于昆虫的知识。通过主动探索和研究，孩子们得以在“昆虫王国”中尽情畅游。

小朋友们捉到的这些昆虫最后都放生了，因为孩子们知道，大自然才是它们的家，小朋友们都发自内心地爱惜这些可爱的、小小的生命。

随着小朋友们对昆虫的兴趣愈发浓厚，老师提议，小朋友们可以把自己装扮成昆虫来表演节目，举办一个盛大的昆虫化装舞会。孩子们纷纷响应，不仅自己积极主动参与，还想要邀请小班、中班的弟弟妹妹都来参加。

舞会开始前，小朋友们已经迫不及待地为昆虫化装舞会做起各种准备了。他们根据自己画的服装设计图，收集了制作所需的材料和工具并带来幼儿园，开始制作美丽的昆虫服装。“我在黑色的布上画了几个圆，然后把它剪下来，贴在红色布上，我要做一个七星瓢虫，我要剪七个点点呢！”“看，我做的是蝴蝶衣服，我要用五颜六色的水彩笔给蝴蝶的翅膀画上好看的花纹，是不是很漂亮呀，真想马上穿上它呀！”“看，我的七星瓢虫衣服做好啦，穿上真是漂亮呀！我的帽子上还贴了眼睛和触角呢！”“瞧，我的螳螂衣服穿上是不是特别神气啊！我还有两把特别厉害的大镰刀呢！”

小朋友们想要邀请小班、中班的弟弟妹妹都来观看昆虫化装舞会，于是大家一起制作海报和宣传单，去和弟弟妹妹宣传，向他们介绍化装舞会的时间、地点、节目。然后，小朋友们在热烈的讨论中准备好了昆虫服装，还以小组形式排练了昆虫化装舞会的节目。一切准备就绪，化装舞会就开始啦。小朋友们还准备了昆虫 T 台秀，所有的“小昆虫”都上台展示自己的服装，跟随音乐舞动起来，开心极了。

在几场昆虫化装舞会后的分享讨论中，孩子们都表示最喜欢穿着自制的昆虫服装走秀，但是走秀的舞台太小，观众太少，他们希望有更大的舞台来展示自己。于是，全园范围内的昆虫化装舞会巡演就应运而生了。我们请来了幼儿园里所有的老师和小朋友们做观众，在幼儿园特有的圆形草坪上开展了一场热闹非凡的昆虫服装大巡演。昆虫化装舞会圆满结束了，小朋友们在活动中都非常开心。他们参与了昆虫服装的设计和制作、节目的排练和表演，受益良多。年级组、大带小、大带中、巡演，四场化装舞会，给予小朋友充分的表现机会和广阔的表演平台，幼儿获得了成就感和满足感。

在“昆虫”主题活动开展时，家长志愿者还为我们联系专家，为孩子们做相关讲座。通过昆虫体验课，我们意识到将户外活动作为主题活动实施前的铺垫，融入主题内容中的认知目标，能够进一步提高幼儿对主题活动的兴趣，提高主题活动的参与度，促进主题活动目标的达成。

近年来，我们不断尝试将户外教育资源融入园本课程，丰富主题活动的内容，完善主题活动的形式。为了让幼儿更好地了解各种昆虫以及它们的外形特征与生活习性，我们还在主题开展过程中组织幼儿参观昆虫博物馆。可见，户外活动可以有效整合进各个主题活动中，成为主题活动的重要组成部分，加深幼儿对主题内容的认识，进一步促进幼儿认知、语言、社会性等各个方面的发展。

幼儿园每个主题活动开展的时间有限,有的时候主题已经结束,但幼儿往往意犹未尽。利用户外活动继续引导幼儿对已经学习过的内容进行回顾,可以进一步延续幼儿的探索兴趣,加深对已学内容的认识,帮助幼儿将学习经验进行迁移。

班级图书馆

“这世上如果有天堂,那它一定是图书馆的样子。”这是盲人作家博尔赫斯的名句。对花朵幼儿园的孩子来说,班级图书馆成了比游乐场更吸引他们的地方。

幼儿期是培养幼儿自主阅读兴趣与能力的重要时期。幼儿园应积极关注幼儿的认知需要,为幼儿选择适宜的阅读材料,营造浓郁的阅读氛围,采用多样的阅读形式,发挥环境的熏陶作用,提高幼儿的阅读能力。同时,幼儿园还应指导家长选购图书、开展亲子阅读互动活动,形成家园共育的合力。

在“我喜欢看书”的主题活动中,我们带孩子参观了幼师的图书馆。孩子们突发奇想,想要在班级里也开一个图书馆。我们欣然同意,和他们一起布置了一个图书馆,希望让孩子在一个拟真的环境中学习如何管理图书馆,同时养成良好的阅读习惯。图书馆建成后,孩子们热烈地和老师一起商定“班级借书公约”,关于怎么借书、怎么还书,孩子们各抒己见,踊跃提出了自己的想法。

著名教育家苏霍姆林斯基曾说过:“应该让孩子生活在书籍的世界里。”或许,班级图书馆对于成人来说只是“迷你”的藏书角,对孩子来说,却是他们汲取知识和精神养分的快乐世界。图书馆建成后,孩子们别提有多开心了。有的孩子特别有主见,每次进馆,都会像小巡视员一样转一圈,再选定心仪的绘本。

幼儿园里的图书馆，正如一块肥沃的土壤。在这里，孩子播下了阅读的种子，将阅读培养成一种习惯、一种生活方式，然后静等花开。在图书馆里学习知识，这些知识就像太阳、肥料、雨水，让种子成长成小芽，小芽慢慢吸取养分，茁壮成长，最终长成参天大树。

生活在21世纪的孩子，面对的不仅是日新月异的科学技术，还面对着不断更新的、多元价值取向并存的社会。在自身成长和发展的过程中，他们必须学会通过自主阅读，从而了解各种知识，懂得辨别是非，逐步掌握各种技能和本领，并形成良好的情感、态度和正确的价值观。因此，学会阅读是帮助他们终生学习和可持续发展的必备基础。幼儿园应重视早期阅读的教育指导，以切实培养幼儿的自主阅读能力。由于幼儿的身心特点以及认知基础和需要的差异很大，在为孩子选择读本时，教师应在了解相关读物的内容、要求、知识深浅程度的同时，注重呵护、珍惜幼儿的好奇心和阅读兴趣，关注孩子的成长需要。

图书馆开放后，书籍的借阅环节也全部由孩子自己完成。为了引导孩子模仿图书馆的借书还书流程，老师和孩子们一起绘制了借书还书的图片规则及手工借书卡。书架上粘贴着孩子自制的数字标签，归还图书时方便寻找。孩子们不仅是读者，更是图书馆的设计者、管理者。孩子们的“多重身份”也让阅读更有参与感。

为了鼓励幼儿翻阅图书，我们除了设置幼儿阅览室，在室内投放丰富的、适合幼儿阅读的各种图画书，并保证每周每班幼儿都能进阅览室阅读外，各班阅读区域的图书架上也定期添置和更换图画书，供幼儿自主选择、随时阅读。在此期间，教师会进行随机观察，并引导幼儿做到自主选材、文明取书、按序翻阅、静心专注、轻声讨论、爱护读物等。由此，孩子们逐步养成了及时整理、修补图书的好习惯。

班级是幼儿生活、游戏、学习的主要场所，因此班级阅读环境的创设更应与教育主题紧密结合。在幼儿园，延伸阅读大多是在班级的阅读区域或小舞台一类的角色区进行的，孩子们可以根据自己的需要，或把曾经阅读过的故事书拿出来重新翻阅，或和小伙伴合作编演故事中的某个片段，或创编新的情节内容。

此外，我们也会充分利用公共图书馆等社会资源，每年组织幼儿参观市图书馆或附近学校的图书馆，也会鼓励家长利用周末等假期带幼儿去参观图书馆，让孩子们目睹成人静心读书的场景，沐浴亲子浸润书香的气氛，感受其乐无穷的崇文意韵，进一步激发孩子的求知欲和阅读兴趣。

在我看来——

21世纪是一个“以智力资源的占有、配置和科学技术为主，以知识的生产、分配和使用为重要因素”的经济时代，也是一个“最需要学习精神和学习力”的学习时代。在这样的时代里，不仅需要每一个成人通过持续不断的学习跟上“以变形的速度”急剧膨胀的知识更新，还需要每一个儿童从小养成“勤学习”的习惯和拥有“会学习”的能力。诸多研究表明，儿童天生就喜欢学习，从来到世界的那一刻起，他们就开始了属于自己的学习之旅。他们之所以能有如此巨大的学习潜力，主要原因有两方面：其一，与大脑发育的特点有关，可塑性强；其二，与儿童心理发展的特点有关。值得注意的是，儿童的学习不同于成人的专门学习，儿童的学习是在他们吃饭、穿衣、玩游戏、听故事、做手工的过程中自然发生的，是与他们的生活和成长联系在一起的。受经验、情绪，甚至儿童观的影响，我们常常自以为是地去想孩子当下的表现，去安排孩子的生活，殊不知，孩子比我们想的要棒很多。

孩子拥有成人想象不到的潜力，这提醒了我在一日生活与教育活动中要耐心观察、大胆放手，多让孩子自己去做，多给孩子提供动脑动手的机会。我们正是通过多年的课程建设，并在课程中不断实践、反思、总结、提升；通过课程的实施，不断了解儿童的学习特点和学习方式，激发儿童学习的内在兴趣与动机，不断满足孩子的成长需要，从而培养儿童良好的学习品质。在这个课程实施的过程中，我们也坚持理论与实践紧密结合的原则，注重将专业理念落实到日常教学实践中去，并不断在问题解决中乐求真知、突破自我。在这个过程中，我们都练就了一双准确鉴别幼儿真、假需要的“火眼金睛”。我们也将一直致力于为幼儿创设适合的课程，在课程建设之路上继续勤耕不辍，真正将“服务于儿童学习与发展”的思维和行动习惯内化于心，外化于形。

参考文献

[1] 王枬.关于教师的叙事研究[J].全球教育展望,2003(4):11-15.

[2] 朴永馨.融合与随班就读[J].教育研究与实验,2004(4):37-40.

[3] 虞永平.生活化是幼儿园课程的根本特性[J].学前课程研究,2008(10):24-27.

[4] 虞永平.课程游戏化的意义和实施路径[J].早期教育(教师版),2015(3):4-7.

[5] 田鸿,罗静,季兰芬.学前听障儿童融合教育范式实践研究[J].现代特殊教育,2017(19):17-20.

[6] 龙兰思.澳门教师对听觉障碍学生融合教育的态度之研究[D].华东师范大学,2010.

[7] 虞永平.生活化的幼儿园课程[M].北京:高等教育出版社,2010.

[8] 卡洛琳·爱德华兹,莱拉·甘第尼,乔治·福尔曼.儿童的一百种语言[M].尹坚勤,王坚红,沈尹婧,译.南京:南京师范大学出版社,2006.

[9] 孟瑾."生活化、游戏化"幼儿园课程[M].南京:南京师范大学出版社,2019.

[10] 夸美纽斯.大教学论[M].傅任敢,译.北京:人民教育出版社,1979.

[11] 皮亚杰.皮亚杰教育论著选[M].卢濬,译.北京:人民教育出版社,1990.

[12] 约翰·杜威.民主主义与教育[M].陶志琼,译.北京:中国轻工业出版社,2014.

[13] 卢梭.爱弥儿:论教育[M].李平沤,译.北京:商务印书馆,1978.

[14] 周念丽.学前融合教育的比较与实证研究[M].上海:华东师范大学出版社,2008.

后　记

只愿岁月可回首

写下这些文字，是在2020年夏天的一个深夜。空气褪去燥热，四周全部安静下来，我的心情却久久不能平静。历时两年多，这份10万多字的江苏人民教育家培养工程的总结报告终于完成，我既如释重负，又激动万分。

五年前，当我得知自己成为江苏人民教育家培养工程第三批培养对象时，内心紧张，惴惴不安；五年后，我依然诚惶诚恐，但更多了笃定前行的决心和底气——这，是培养工程给予我的力量。忘不了一次次精彩纷呈的讲座，专家们独到的教育思想、高尚的人格魅力，常常给我醍醐灌顶般的启发；忘不了一次次“干货”满满的小组活动，大家讨论、交流、梳理、研讨，思维碰撞之间，我们更加惺惺相惜；忘不了为了写好这份总结报告而辗转反侧的每一个夜晚，和导师反复搭建框架，一次次推翻重来，一次次被故事里那些鲜活的“小花朵”温暖感动。在导师的引领下，我不断地学习、思考、实践，不断地打破和重塑自己的认知体系，不断地寻求理念和课程创新的方向、途径，充实并快乐着。

感谢江苏省教育厅、江苏省教科院，为我们搭建了这么一个学习、研究、提升的平台。感谢五年来学前组专家团队无私、悉心的付出：成尚荣所长睿智和善，他每一次的点评，都启发我产生新的思考；冯晓霞教授专业精进、治学严谨，为了帮我梳理书稿的提纲，和我一次次交流，一步步深入引导，一回回耐心讲评，在我的书稿迟迟不能完成，甚至想放弃的时候，她给了我那么多的指导、帮助和鼓励；周兢教授爽朗豁达，富有海派气息的点拨时不时启迪我的思维，和他轻松愉悦的谈话总能让我在紧张的学习中放松下来；顾荣芳教授的认真执着，秦金亮教授的学术严谨，给我们每一位成员留下了深刻的印象；崔利玲园长标杆性的成绩，本身就是对我们的示范，也给了我们太多启迪……

感谢一路走来始终关心我、引领我、支持我的领导、专家、同行以及为本书撰写提供帮助的同事和朋友们。当然，最要感谢的是花朵幼儿园的孩子和老师们，在我书稿的众多案例中，他们是主角。

从事幼儿教育工作三十多年，我每天早出晚归，工作兢兢业业，不曾有过丝毫倦怠。

花朵幼儿园更像是我的第二个孩子，倾注了我几乎全部的心血，我的白发见证了自己专业成长的每一步。这份总结报告，不仅仅是“江苏人民教育家培养工程”的“作业”，也是我职业生涯和专业成长的“总结书”，更是我对幼教事业的深情“告白书”。

愿有岁月可回首，且以深情共白头。如果时光可以倒流，我依然会毫不犹豫地选择成为一名幼教人，无怨无悔。

谨以此书献给滋养我的花朵幼儿园！

孟瑾于苏州
2020 年 8 月 2 日